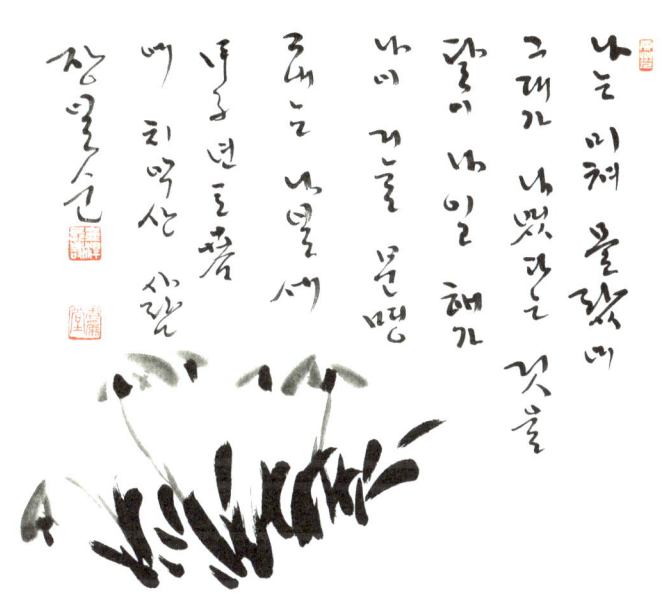

나는 미처 몰랐네 그대가 나였다는 것을
달이 나이고 해가 나이거늘 분명 그대는 나일세

나는 미처 몰랐네

그대가 나였다는 것을

엮은이 김익록金益祿

1966년 원주에서 태어났다. 서울에서 보낸 대학 시절과 짧은 직장생활 기간을 제외하고 줄곧 원주에서 살았다. 철모르는 중학생 시절 처음 장일순 선생님을 뵌 인연으로 2001년부터 〈무위당을 기리는 모임〉에서 심부름을 해 왔다. 지금은 삼척의 작은 학교에서 아이들과 함께 생활하고 있다.

무위당 장일순 잠언집
나는 미처 몰랐네
그대가 나였다는 것을
ⓒ ㈜무위당사람들·김익록, 2025

초판 1쇄 2010년 1월 5일
초판 3쇄 2012년 4월 16일
개정판1쇄 2025년 6월 10일

엮은이 김익록

펴낸이 서연남
펴낸곳 ㈜도서출판 이음

편집주간 원상호
편집 권경륜
디자인 김다슬 정아진

출판등록 제419-2017-00013호
주소 26404 강원특별자치도 원주시 흥업면 한라대길 28, 한라대학교 창업보육센터 203호
전화 033-761-3223 **팩스** 033-766-8750
전자우편 iumbook@naver.com
인스타그램 @iumbook

ISBN 979-11-988637-3-7

*이 책의 전부 또는 일부를 재사용하려면 사전에 저작권자와 ㈜도서출판 이음의 동의를 받아야 합니다.
*값은 뒤표지에 있습니다. 잘못 만들어진 책은 본사나 구입하신 곳에서 교환해 드립니다.

나는 미처 몰랐네 그대가 나였다는 것을

무위당 장일순 잠언집

김익록 엮음

개정판 엮은이의 말

다시 책을 내며…

어느새 15년이라는 시간이 훌쩍 지났습니다.

세상은 좀 나아졌나요? 무위당 선생이 꿈꾸었던 '협동과 공생의 평화로운 삶'이 실현되고 있는지요? 오히려 반대인 것 같습니다. 공적 가치에 헌신하는 사람들을 조롱하고, 자기보다 약한 사람들을 비웃으며, 이웃이나 동료의 약점을 찾아내어 혐오하는 삶의 태도가 퍼져나가고 있습니다. 많은 이들이 철저하게 돈과 권력을 좇으며 무너져가는 '공동체' 속에서 '각자도생'하고 있습니다. '어른'이 부재하고 '스승'을 찾기 어려운 시대이다 보니 이에 대한 갈망도 나날이 커집니다.

지금 새겨봐도 여전한 울림을 전해주는 선생님의 말씀을 다시 세상에 펴내는 이유입니다.

아무리 시대가 암울해도 사람들이 용기 내어 삶의 희망을 찾아가도록 지팡이를 쥐어주고 싶다고 말하는 사람이 많았습니다. 혼돈의 세상 속에서 청년들에게 올바른 삶의 방향을 찾을 수 있는 나침반을 주고 싶은 마음이었을 겁니다. 선생님의 '말씀'은 그 역할을 할 거라고 믿습니다.

첫 책이 나오고 나서 그동안 대통령이 세 번 바뀌고 이제 네 번째 대통령이 선출되었습니다. 이제 비로소 세상이 달라질 때가 되었다고 많은 이들이 기대하고 있습니다. 그러나 우리가 꿈꾸는 세상은 대통령 한 명이 바뀌었다고 그리 쉽게 오지는 않을 것입니다. 쇄신과 혁신의 격랑 속에서 중심을 잘 잡고 가야 합니다. '이런 상황이라면 무위당 선생님은 어떤 판단을 하셨을까?, 무어라고 말씀하셨을까?' 궁금해질 때가 많았습니다. 이미 선생님은 답을 주고 가셨습니다. 그의 말씀에서 우리가 스스로 해결책을 찾아 실천해 가야 합니다.

선생님과 함께 사회 개혁에 앞장섰던 선배님들이 한 분, 두 분 떠나시고 이제 남은 자들의 어깨가 무겁습니다. '사단법인 무위당사람들'을 만들고 이끄셨던 김영주 고문님, 이긍래 님, 김헌일 님, 한기호 님 등등 구두코가 닳도록 선생님 말씀을 실천하다 떠나신 분들과, 선생님을 신격화하지 말고 그분의 말씀을 제대로 실천해야 한다고 늘 따갑게 지적했던 여일 님의 영전에, 다시 펴내는 책을 바칩니다. 선생님 작품과 일화가 있는 곳이라면 어디라도 찾아다니며 여러 권의 서화 자료집을 펴낸 심상덕 님과 그의 동지들에게 다시 한번 감사의 인사를 전합니다.

  그리고 세대교체를 통해 무위당의 정신을 이어가려는 젊은 세대들에게 자기 안의 욕망과 싸워 이길 수 있도록 끊임없이 성찰하라고 당부합니다. 사사로운 이익과 욕심 앞에 무너지는 선배들의 모습을 숱하게 보아 왔기 때문입니다.

  끝으로 개정판이 나올 수 있도록 애써주신 ㈜도서출판 이음 서연남 대표와 원상호 편집주간에게 감사의 말을 전하고 싶습니다. 저도 다시 옷깃을 여미고 선생님의 말씀으로 들어가겠습니다.

2025. 6. 10.
삼척 호산항 바닷가에서 김익록

엮은이의 말

인연

까까머리 중학생 시절 선생님을 처음 뵈었습니다. 붓글씨를 배우러 다니던 서예실에 선생님께서 자주 들르셨습니다. 잘 갈아진 먹으로 화선지 반절에 큼지막한 글씨를 척척 쓰셔서 주위 분들에게 나눠 주시고 그 뜻을 설명해 주시는 모습이 제게 얼마나 멋져 보였는지 모릅니다. 선생님의 글씨를 받아들고 기뻐하던 분들이 부러워서 어느 날 저도 모르게 불쑥 말씀드렸습니다.

"선생님, 저도 한 장 써 주세요!"

일순 주변은 조용해졌고 저는 아차 싶었습니다. 언감생심焉敢生心이라고, 그게 얼마나 무례한 요구인지 그때는 몰랐습니다. 그런데 선생님께서는 껄껄 웃으시며 저를 잠시 쳐다보시더니 새 종이를 펴서 '학불염學不厭' 석자를 써 주셨습니다. '배우는 것에 싫증을 내지 말라.'는 뜻의 공자님 말씀이셨습니다. 어린 학생인 제게 가장 어울리는 구절이라고 생각하셨던 모양입니다. 하룻강아지 같이 철없는 어린 아이의 부탁을 흔쾌히 들어주신 선생님의 넉넉한 마음이 지금도 그 작품을 볼 때마다 느껴집니다. 아마도 선생님께서는 제 근기가 부족함을 이미 파악하시고 '넌 평생토록 배워야 한다.'고 주문하신 것 같습니다.

훨씬 많은 세월이 지나 저는 선생님께 또 하나의 작품을 받았습니다. 1992년 어느 날 동주 심상덕의 서실에 들리신 선생님께서 곁에 있던 제게 문득 한 장의 글씨를 써 주셨습니다. 20대 젊은 혈기에 앞뒤 안 가리고 좌충우돌하면서 개인적으로 많은 어려움을 겪고 있던 때였습니다. 불견유신不見有身! '자신이 있다고 보지 말라.' 즉 자기의 아상에 집착하여 이기적으로 살지 말라'는 뜻이었습니다. 선생님께서는 늘 욕심과 집착이 많고 공명심에 들뜨기 잘하는 제가 불안하셨던 모양입니다. 지금도 거실에 걸려 있는 네 글자를 자주 올려다보며 과연 내가 선생님 가르침을 손톱만큼이나 제대로 새기고 있는가 하는 반성을 합니다.

나무선 님이 아니었으면 이 일은 이루어질 수 없었습니다. 이 시대의 아픔을 미리 예견이나 하신 듯 방황하는 우리에게 여전히 깊은 울림을 주는 선생님의 영성 가득한 말씀을 많은 사람들에게 전하고 싶어 했던 그는 시종일관 섬세한 감각과 열정을 가지고 이번 작업을 진행했습니다. 녹색평론사에서 나온 두 권의 책 『나락 한알 속의 우주』와 『너를 보고 나는 부끄러웠네』, 그리고 도솔출판사와 삼인에서 나온 『좁쌀 한 알』과 『무위당 장일순의 노자 이야기』가 없었다면 이 책은 만들어지기 어려웠습니다. 김종철, 최종덕, 최성현, 이현주 선생님들의 선행 작업이 있었기에 그분들이 정리해 놓은 자료 속에서 주옥같은 선생님의 말씀을 가려 뽑을 수 있었습니다.

박준길, 심상덕, 여미현 님은 불민한 제가 행여 선생님의 귀한 뜻을 왜곡하지 않도록 작업하는 내내 바른 길잡이 역할을 해주셨습니다. 사람들에게 더 편안하고 쉽게 읽힐 수 있는 책이 되어야 한다는 이철수 선생님의 지적은 책을 만드는 전 과정에서 중요한 지침이 되었습니다.

삼십 년 전 까까머리 중학생이 이제 나이를 먹었나 봅니다. 예전엔 잘 몰랐던 말씀들이 새롭게 가슴에 와 닿았습니다. 더 많은 분들과 선생님 말씀을 나누고 싶어서 욕심을 내었습니다. 좀 더 쉽게 엮어 내지 못한 아쉬움은 여전히 남습니다. 참으로 소중한 인연입니다. 평생 동안 선생님을 가까이에서 모셨던 분들이 많이 계신데도 불구하고 감히 제가 선생님 말씀을 엮는 이 귀한 작업을 하게 될지는 생각지도 못했습니다. '선생님께서는 여전히 나를 많이 가르쳐 주시는구나!' 하는 생각이 듭니다. 마음속 깊이 머리 숙여 감사드릴 뿐입니다. 늘 선생님께서 바라보셨던 치악산이 그때처럼 변함없는 모습으로 머리에 잔설을 이고 서 있습니다. 선생님이 많이 그리운 날입니다.

2009년 12월 김익록

머리말

무위당 장일순을 아세요?

무위당 장일순을 아세요?

거리에 나가 장일순을 물으면 열에 아홉은 누구신지 모른다고 하지 싶습니다.

청강靑江이나 무위당無爲堂이나 일속자一粟子가 모두 장일순 선생의 호라는 사실도 모르는 사람은 모르지요. 연예인 아니시니 그러려니 합니다만, 세상이 아직 당신의 말씀을 들을 준비가 없는 탓이기도 하겠습니다. 제 발밑인 지구를 수탈하고 파괴해 온 현대 문명이 이제 막다른 골목에 들어섰습니다. 소경 제 닭 잡아먹기가 된 거지요. 새로운 문명이 모색되어야 할 시점이라 당신의 생명철학이 시대의 밝은 창이 되기 바라는 사람들도 점점 많아지지만 다급한 마음에는 안타까움도 많습니다. 세상 사람들이 모두 선생님을 알고, 그분의 예지를 흠모하게 되면 좋겠지만 아직은 우리들의 꿈이고 희망사항일 뿐입니다. 아직 좀 더 기다려야 할 모양입니다.

"그분이 누구신데 당신이 그런 꿈을 꾸세요?"

누가 그렇게 되묻기라도 하면 좋겠습니다. 그러면, 이때다 하고 선생님을 이야기할 수 있겠지요? 선생님의 육성을 고스란히 담아 옮긴 『나락 한알 속의 우주』도 소개하고, 당신의 일화가 담긴 책들도 소개하고, 제가 경험한 선생님이야기도 해 드릴 수 있을 겁니다.

"그래요? 그러면 그러지요." 장일순 선생이 누구신지 물어 왔다고 치고 당신 이야기를 잠깐 하겠습니다.

리얼 토크에나 나올 법한 이야기인데요. 선생님께서 제집 뒤란 벚나무 밑에서 '아랫도리 노출'하신 이야기입니다. 예나 지금이나 저희 집 화장실은 암모니아 냄새가 진동하는 순수 재래식입니다. 사실 원주 봉산동의 선생님 자택도 여름이면 똥물이 튀는 재래식이지요. 제집에 오셨다가 마당 구석의 뒷간에서 '큰일'을 보신 뒤였지 싶습니다.

"이보게, 수건 한 장 내다 줄 수 있겠나?" 하며 수건을 청하셨습니다. 여부가 있겠습니까? 수건 한 장 얼른 가져다 드리고 수돗가에서 비누도 챙겨 드렸습니다. 선생님께서는 놋대야에 물을 떠서 혼자 조용히 뒤란 벚나무 아래로 가셨습니다. 잠시 후에 수건을 목에 걸고 돌아오신 선생님께서는 "나는 말일세. 볼일을 보고 뒷물을 안 하면 종일 개운치가 않아서 말일세. 이렇게 결례를 하는군!" 그러셨습니다. 뒷물이 제일 괜찮은 뒤처리 방식이라는 설명도 덧붙이셨던 듯 싶습니다. 아랫도리 노출 맞지요? 선생님께서는 사시는 동안 내내 그 재래식 뒷간을 굳이 현대화하지 않으셨습니다. 외풍이 드센 낡은 거처도 내내 그대로였지요. 열선도 들어오고, 세정 장치도 달려 있는 양변기가 흔한 세상이 되었지만 여전히 전통식 뒷간을 쓰는 저는, 그날 이후로 선생님을 따라 뒷물 애호가가 되었습니다. 기계 장치로 씻어 주는 뒷물도 해 보았지만 제 손끝으로 미주알을 살살 문질러 씻는 뒷물에는 한참 못 미치더라는 소감도 곁들이고 싶네요. 이만하면 제자의 스승 따라 살기가 어지간한가요?

또 하나 털어 놓습니다. 선생님께서는 평생 붓글씨를 쓰셨지요. 예서에서 해서, 행서까지를 두루 잘 쓰셨습니다. 선생님의 굳세고 힘 있는 예서체는 한자와 한글에서 두루 일가를 이루셨지요. 사군자 중에서는 묵란을 즐겨 치셨고, 또 거기서 각별한 경지를 보이셨습니다. 추사의 '불이선란不二禪蘭'과 대원군의 '석파란石坡蘭'을 이야기하지만, 민초를 그린 듯도 하고 보살의 얼굴을 그린듯도 한 선생님의 '무위란無爲蘭'은 거기서도 또 한 걸음 나아간 경지라고 저는 믿습니다. 난초이기도 하고 흔한 잡풀

이기도 한 풀포기 위에, 꽃대를 치고 꽃잎을 그린 붓 자국이 마치 사람의 조용한 얼굴입니다. 반가사유상의 그윽한 표정과 비견할 만하지요. 고요도 있고 웃음도 있고 초탈과 깊은 사유가 있는 그 표정은, 사람과 자연이 둘이 아니라는 큰 진리를 또렷하게 드러냅니다. 중국 청대의 팔대산인八大山人이 물고기와 새들을 의인화한 일품 서화를 남겼지만, 풀포기에 존재와 세계의 깊은 의미를 담아 그려 낸 전례는 없지 싶습니다. 당신의 서화를 돈으로 산 사람도 없지 않았겠지만 대부분의 글씨와 그림은 당신을 찾아 드나든 평범한 사람들에게 주시는 무상의 선물이었습니다. 때로는 격려의 덕담이 담기고 때로는 일생 품고 살아야 할 깊은 가르침이 담겨 있었지요. 두어 차례 격식을 갖춘 전시를 열어 목돈을 만들기도 했지만 모두 '한살림' 설립이며 세상일에 고스란히 쓰였습니다. 서화를 팔아 당신의 살림에 보태신 일은 한 번도 없었으니 참 놀랍지요? 늘 검박한 삶을 사셨고, 작은 욕심조차 품으신 것을 보지 못했습니다. 장일순 선생님은 그런 어른이셨습니다.

그런데요, 그분이 제게 땅을 사라고 부추긴 일이 있었다면 믿으시겠어요? 또 무슨 무고를 하려느냐고요? 그럴 리가요? 제게 시골살림을 권하시고, 당신의 초당 자리로 보아 두신 원주 부근 어느 산비탈 집터를 내어주시기도 한 선생님께서, 알량한 텃밭농사를 벗어나지 못하던 제게 논을 사라고 하셨습니다. 제대로 된 농사가 깊은 공부가 될 거라고 짐작하신 모양입니다. 타고난 성정이 허랑해서 있으면 있는 대로 써버려 돈 모으는 재주가 없었거든요. 선생님 눈에 그런 제 사람됨이 다 읽히셨던지 빚을 내서라도 농사지을 땅을 사라고 하셨습니다.

"자네들 성미가 모을 줄은 몰라도 빚을 지고는 또 못 살지 않어? 그러니, 그게 방법일세!"

"이 사람아, 그런 빚은 무서워할 것 없어. 저질러!"

그렇게 해서 산 논 800평이 제 생애 첫 농지였습니다. 그 뒤로는 빚을 내서 땅을 사고 갚아 가는 방법을 쓰게 되었지요. 이제 자급할 수 있는 논밭을 다 갖추었으니 빚내서 땅 살 일 없지만, 당신이 일러 주신 '지극히 현실적인' 조언이 아니었더라면 지금까지 빈털터리였을지도 모릅니다. 스승의 은혜라고 해야겠지요? 그 논, 그 밭에서 갖은 채소를 가꾸고, 콩, 팥, 깨, 고추며 쌀농사까지 두루 지어서 제 먹을 것을 제 손으로 해결하고 삽니다. 자급자족하고 주경야독하면서 제가 얻고 깨달아 배운 것이 많았지요. 논밭일이 제 삶을 가꾸어 온 것을 생각하면 백골난망이라 해야 합니다. '자연과 인간이 한 몸인 것을' 머리로가 아니라 온몸으로 깨달으라고, '빚을 내서 땅을 사라'고 하셨을 줄 압니다. 천지여아동근 만물여아일체 天地與我同根 萬物與我一體. 그 어려운 문자가 "땅 사!"의 외마디에 다 담긴 셈입니다. 제 논밭에 모셔서 옛 이야기하고,

저희가 거둔 것으로 청정밥상을 차려 공손히 올리고 싶지만 이제 선생님은 세상에 계시지 않습니다.

당신이 병석에 계시던 말년에, 병원에서 나와 잠시 붓을 드셨을 때, 글씨를 써서 우편으로 보내 주셨습니다. 그게 제게 남기신 마지막 말씀이셨지요.

'不取於相', '불취어상'은 금강경의 한 구절입니다. 살면서 만나는 눈앞의 온갖 헛된 것에 속아 넘어가지 말라는 말씀이십니다.

"내가 자네들더러 논 밭뙈기 사시라고 했지? 그게 큰 재산이신가? 그게 자네 마음속에 속된 안도와 위안을 주는 물건이더냐고 묻는 걸세. 그러시다면, 그게 바로 불취어상不取於相의 상相이신 게야! 그렇게 알게!"

그런 말씀이시겠지요?

"자네더러는 엎드려 살라고도 했지? 자네에게 처음 건넨 글씨를 기억하시는가?"

"지례유불인, 지의불물至禮有不人, 至義不物이었습니다."

예가 지극하면 나와 남이 구별되지 않고, 의가 지극하면 나와 무연한 저 물건이라고 할 것이 없다는 의미겠지요.

"그랬지? 장자에 있는 말씀일세. 사람에도 걸리고 의로운 일에도 걸려 넘어지는 게 사람이거든! 자네는 재간 있어 보이더군. 내 재주보다 낫다고 했지? 내가 자네한테 뽀뽀도 해 주었잖은가? 그 재간 믿고 내대면 안 되네. 큰일 나. 이 사람아!"

"기어! 그게 길일세." 그런 말씀이시겠지요? 당신은 제게 '마음을 경책하는' 말씀으로 일관하셨던 듯싶습니다. 마음공부가 많이 필요한 인간인 걸 아셨던 모양입니다. 돌이켜 보니 그렇습니다.

쏟아지듯 급한 세상사에 늘 마음을 주시면서도 조급하신 법이 없고, 잘나고 못난 것에도 차별을 두시는 법이 없었지만, 못난 것들과 '세상에 깨진 놈들'에게 더 따뜻하고 자별하셨습니다. 아픈 데 손길이 더 가듯 그렇게 한 번 더 마음을 주셨던가 봅니다. 못난 저도 그 자애로운 그늘에서 십 년 넘도록 행복하게 깃들어 지낼 수 있었습니다. 선생님께서 남기신 글씨와 그림에는, 울림이 크고 여운이 긴 가르침이 담겨 있습니다. 수많은 사람을 만나 이야기 나누시다가 근기와 형편을 보아 한 말씀하시고, 붓을 들어 해 주신 글씨와 그림이 그렇게 많습니다. 세상에 나간 글씨와 그림은, 그분들의 삶 속에서 죽비가 되고 경책이 되고 위로와 격려가 되셨으리라 짐작합니다. 제 곁에서처럼 어디서나 그랬을 테니까요.

그렇게 따뜻하고, 존재와 사회와 시대를 두루 통찰하신 당신의 말씀과 서화가 세상에서 더 많이 나뉠 기회가 있으면 고마운 일이겠지요? 이번 책이 바로 그런 역할을 자임하고 나섰습니다. 생전에 선생님을 뵐 기회가 없었던 분들께도 선생님의 말씀이 삶의 지혜와 지침이 되어 줄 거라고 믿습니다. 향기가 못 가는 데 없고 인적 없는 골짝에서도 그 향기를 감추지 않는다는 말씀을 생각하면 당연한 일입니다. 선생님을 그대로 보여드릴 수만 있다면, 나머지는 선생님의 향기가 다 알아서 하시리라 믿고 하는 일이기도 합니다.

그래도, 선생님의 삶과 사유에 쉽게 다가갈 수 있는 책을 만드느라 여러분들이 고심을 했습니다. 공을 들여서 글과 그림을 가리고 순서를 잡고 하는 일이 쉽지 않았을 겁니다. 다들 저 좋아 하는 일이라고 하시지만 고마운 일입니다. 경전의 별전처럼 덧붙인 선생님의 말씀은 김경일 신부의 메모에서 나왔습니다. 그것도 반갑고 고맙습니다. 선생님께서는 이 모든 일을 쓸데없는 짓이라고 나무라시지 싶습니다. 당신의 뜻을 고스란히 지켜 드리고 싶은 마음과 소중한 말씀을 세상에 전하고 싶은 생각이 같이 있습니다. 선생님의 뜻과 저희들의 생각이 서로 부딪치지 않도록 독자들께서 지혜롭게 읽어 주실 수 있으면 더 바랄 것이 없겠습니다.

선생님을 말씀 드리기에 적당한 사람이 못 되는 줄 압니다. 돌아가서, 다시 엎드리겠습니다.

2009년 겨울에
이철수 삼가

차례

개정판 엮은이의 말 · 7

엮은이의 말 · 10

머리말 · 13

둑방길

삶의 도량에서 · 30 / 너를 보고 나는 부끄러웠네 · 32 / 고백 · 35
잘 쓴 글씨 · 36 / 밥 한 그릇 · 39 / 출세 · 40 / 향기 · 41
수행 · 42 / 실패 · 44 / 부활 · 45

서화전

손님 · 51 / 누가 하느님? · 53 / 똥물 · 54 / 나를 찌른 칼 · 55
도둑 · 56 / 화해 · 57 / 지금 이 자리에서 · 58 / 우두머리 · 59 / 선행 · 61

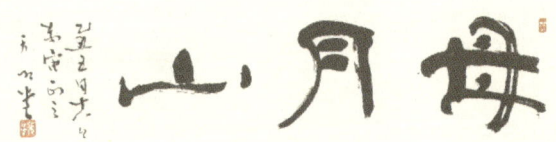

무위당 선생의 집

화목·67 / 어머니·68 / 인물·69 / 경쟁·70 / 상·72
내세우지 말라·74 / 함께 가는 길·75 / 혁명·76 / 변화·78

겨울나무 아래서

행복·83 / 조 한 알·84 / 나의 병·85 / 싸우지 말고 모셔라·87
병상에서·88 / 그림값·90 / 말씀·92

원주가톨릭센터 사무실에서

종교·99 / 구유에서 태어나신 예수·100 / 문 열고 세상 속으로·101
내가 밥이다·103 / 겸손한 마음·104 / 생명의 나라·105

할아버지와 해월

거룩한 밥상 · 111 / 해월, 겨레의 스승 · 112 / 새알 하나, 풀잎 하나 · 113
이천식천 · 117 / 향아설위 · 118 / 상대를 변화시키며 함께 · 119

골목길

선과 악 · 125 / 내 안에 아버지가 계시고 · 126
작은 먼지 하나에 우주가 있다 · 127 / 내가 없어야 · 128 / 무위 · 130
하나 · 131 / 그 자리 · 132 / 관계 · 133 / 산은 산, 물은 물 · 136 / 공평하게 · 138

주교관에서

문제를 풀려면 · 143 / 눈에 보이지 않는 것 · 144 / 기본이 되는 삶 · 145
생명의 길 · 147 / 내가 아닌 나 · 148 / 사람의 횡포 · 150 / 자연 · 151

한살림

동고동락 · 157 / 사람 · 159 / 한살림 · 160 / 생산자와 소비자 · 161
가난한 풍요 · 162 / 원래 제 모습 · 165 / 오류 · 166 / 모심 · 168 / 자기 몫 · 170

감옥이 학교

진실 · 175 / 맨몸 · 176 / 박피 · 177 / 가르친다는 것 · 178
그들 속에서 · 179 / 원월드 운동 · 180 / 분단 · 182 / 열린 운동 · 183
화이부동 · 184 / 연대 · 186 / 전일성 · 187

김경일 신부가 받아 적은 무위당 선생 말씀 · 189

무위당 장일순 연보 · 230

사단법인 무위당사람들 주요 연혁 · 234

일러두기

시대적 상황이 당신을 자유롭지 못하게 했던 시절이었기에 무위당 선생님은 행여나 남에게 피해가 갈까 봐 직접 쓰신 글을 많이 남기지 않으셨습니다. 대신 서화書畫로 당신의 생각을 전하셨고 강연과 대담을 통해 다른 사람들과 만나셨습니다. 그래서 주로 강연이나 대담을 녹취해서 풀어낸 기록과 서화 속에서 들려주신 말씀을 모았습니다. 무위당 선생의 생전 육성을 듣는 듯한 느낌을 살리기 위해 표준어나 맞춤법에 다소 어긋나는 표현이 있더라도 될 수 있으면 고치지 않고 그대로 실었습니다.

둑방길

무위당 선생이 생전에 늘 다니시던 원주천 둑방길입니다. 댁에서 시내까지 걸어서 15분 거리인 이 길을 선생이 지나가는데 두 시간이 걸렸다고 합니다. 동네 사람들, 상인들, 군고구마 장수까지 만나는 사람마다 일일이 안부를 묻고 담소를 나누며 지나던 길입니다. 지금은 시멘트 포장이 되고 멀리 고층 아파트도 생겨 예전의 모습은 아니지만 여전히 그 길에 서면 선생님의 발자취가 느껴지는 듯합니다.

ⓒ무위당사람들

깊은 산골에 핀 난초의 향기로움을
저잣거리 한가운데서도 나눌 수 있었던 분.

이병철 전 귀농운동본부장

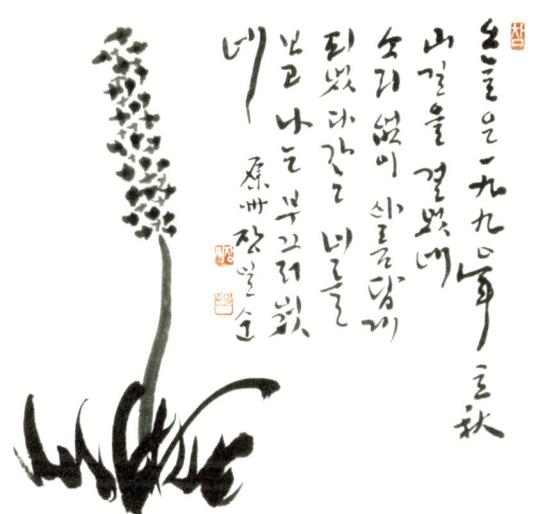

오늘은 1990년 입추
산길을 걸었네
소리 없이 아름답게 피었다 가는
너를 보고 나는 부끄러웠네

삶의 도량에서

세상에 태어난다는 사실은
대단한 사건 중에서도 대단한 경사입니다.
태어난 존재들이 살아간다는 것은
거룩하고도 거룩합니다.
이 사실만은 꼭 명심해야 할
우리의 진정한 과제라고 생각합니다.
나는 가끔 한밤에 풀섶에서 들려오는 벌레소리에
크게 놀라는 적이 있습니다.
만상이 고요한 밤에
그 작은 미물이
자기의 거짓 없는 소리를 들려주는 것을 들을 때
평상시의 생활을 즉각 생각하게 됩니다.
정말 부끄럽다는 이야기입니다.

이럴 때면 내 일상의 생활은 생활이 아니고
경쟁과 투쟁을 도구로 하는
삶의 허영이었다는 사실을 깨닫게 됩니다.
삶이 삶이 아니었다는 것을
하나의 작은 벌레가 엄숙하게 가르쳐 줄 때에
그 벌레는 나의 거룩한 스승이요,
참 생명을 지닌 자의 모습은 저래야 하는구나
하는 것을 가슴깊이 새기게 됩니다.

너를 보고 나는 부끄러웠네

밖에서 사람을 만나 술도 마시고 이야기도 하다가
집으로 돌아올 때는
꼭 강가로 난 방축 길을 걸어서 돌아옵니다.
혼자 걸어오면서
'이 못난 나를 사람들이 많이 사랑해 주시는구나.'
하는 생각에 감사하는 마음이 듭니다.
또 '오늘 내가 허튼소리를 많이 했구나.
오만도 아니고 이건 뭐 망언에 지나지 않는 얘기를 했구나.'
하고 반성도 합니다.

문득 발밑의 풀들을 보게 되지요.
사람들에게 밟혀서 구멍이 나고 흙이 묻어 있건만
그 풀들은 대지에 뿌리내리고
밤낮으로 의연한 모습으로
해와 달을 맞이한단 말이에요.
그 길가의 모든 잡초들이
내 스승이요 벗이 되는 순간이죠.
나 자신은 건전하게 대지 위에 뿌리박고 있지 못하면서
그런 얘기들을 했다는 생각에
참으로 부끄러워집니다.

몰라 몰라 정말 모른대니깐

고백

우선 자신이 잘못 살아온 것에 대해 반성하는
고백의 시대가 되어야 합니다.
넘어진 얘기, 부끄러운 얘기를 하자는 겁니다.
실수하고, 또 욕심 부린 얘기,
그래서 감추고 싶은 얘기를 고백하며 가자는 거지요.

지금은 삶이 뭐냐,
생명이 뭐냐 하는 것을 헤아려야 하는 시기입니다.
뭘 더 갖고, 꾸며야 되느냐에 몰두하는 시대는
이미 절정을 넘어섰어요.
글 쓰는 사람들이 가급적이면
고백의 글을 많이 써 줬으면 좋겠어요.

잘 쓴 글씨

추운 겨울날 저잣거리에서
군고구마를 파는 사람이 써 붙인
서툴지만 정성이 가득한
'군고구마'라는 글씨를 보게 되잖아.
그게 진짜야.
그 절박함에 비하면
내 글씨는 장난이지.
못 미쳐.

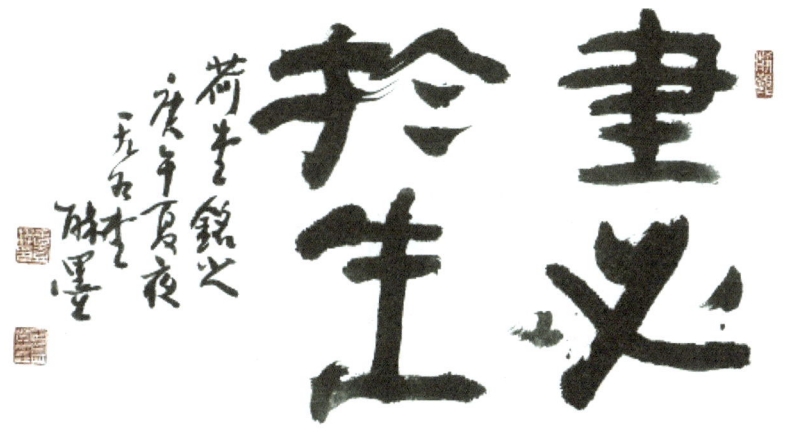

書必於生 서필어생

글씨는 삶에서 나온다

一碗之食 含天地人 일완지식 함천지인

밥 한 그릇에 우주가 있다

밥 한 그릇

해월 선생이 일찍이 말씀하셨어요.
밥 한 그릇을 알게 되면
세상만사를 다 알게 된다고.
밥 한 그릇이 만들어지려면
거기에 온 우주가 참여해야 한다고.
우주 만물 가운데 어느 것 하나가 빠져도
밥 한 그릇이 만들어질 수 없어요.
밥 한 그릇이 곧 우주라는 얘기지요.
하늘과 땅과 사람이
서로 힘을 합하지 않으면 생겨날 수 없으니
밥 알 하나, 티끌 하나에도
대우주의 생명이 깃들어 있는 거지요.

출세

요즘 출세 좋아하는데
어머니 뱃속에서 나온 것이 바로 출세지요.
나, 이거 하나가 있기 위해
태양과 물, 나무와 풀 한 포기까지
이 지구 아니 우주 전체가 있어야 돼요.
어느 하나가 빠져도 안 돼요.
그러니 그대나 나나 얼마나 엄청난 존재인 거예요.

향기

남들이 알아주지 않더라도 맡은 일을 열심히 하다 보면
향기는 절로 퍼져 나가게 되어 있어요.
그래서 찾아다닐 필요가 없어요.
있는 자리에서 최선을 다하되
바라는 것 없이 그 일을 하고 가는 것이지요.
그 길밖에 없어요.

수행

어려움에 처했을 때는
'아, 수행하라는가 보다.' 생각하고
자신의 삶을 돌아보는 게 좋아요.
그것이 바닥을 기어서 천 리를 가는 것입니다.
납작 엎드려서 겨울을 나는 보리나 밀처럼
한 세월 자신을 허물고 닦고 가다 보면
언젠가 봄날은 옵니다.

虛心如仙허심여선

마음을 비우면 신선과 같다

실패

자꾸 떨어져도 괜찮아요.
떨어져야 배워요.
댓바람에 붙어 버리면 좋을 듯싶지만
떨어지면서 깊어지고
또 자신을 돌아볼 수 있는 법이에요.
남 아픈 줄도 알게 되고.

부활

살다 보면 넘어지거나 엎어질 때가 있어요.
누구나 다 그래요.
그때는 자기 스스로의 힘으로 일어나야 돼요.
몇 번이라도 다시 일어나야 돼요.
끊임없이 일어나야 되는데
그것이 말하자면 부활이에요.

서화전

무위당 선생은 1988년에 서울 인사동 〈그림마당 민〉에서 서화전시회를 열었습니다. 이 전시회의 작품 판매 수익금은 전액 한살림에 지원되었습니다. 생전에 선생은 당신의 글씨와 그림을 돈을 받고 남에게 준 적이 없습니다. 그러나 본격적으로 시작된 한살림 운동의 자금 마련을 위해 전시회를 열었습니다. 선생은 이렇게 늘 뒤에서 당신의 작품을 통해 협동운동, 환경운동, 생명운동을 정신적으로 물질적으로 지원하였습니다.

ⓒ김문호

선생의 독자적인 얼굴 난초는 그가 문인화가로서 이 시대 미술에서뿐만 아니라 문인화의 오랜 역사적 전통의 맥락에서 언급될 만한 징표로 여겨진다. 그것은 결코 기법의 수련으로 이루어진 것이 아니라 그의 맑은 인품과 꿋꿋한 삶 속에서 터득된 하나의 결실물인 것이다. 그런 의미에서 나는 어쩌면 그가 창조적 문인화의 세계를 보여 준 마지막 문인화가라는 표현을 썼던 것이다.

유홍준 전 문화재청장

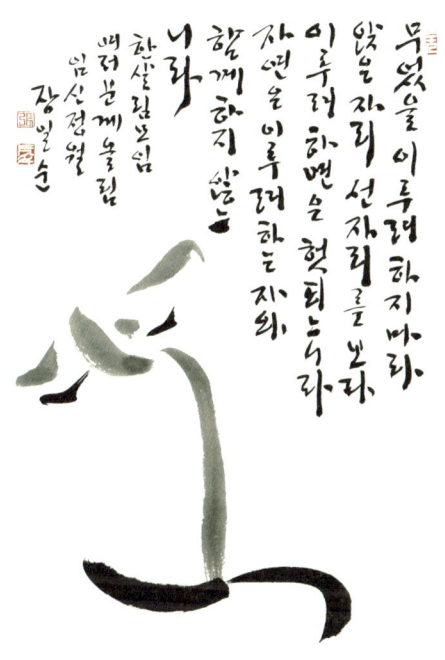

무엇을 이루려 하지 마라
앉은 자리 선 자리를 보라
이루려 하면은 헛되느니라
자연은 이루려 하는 자와
함께하지 않느니라

손님

자네 집에 밥 잡수러 오신 분들이 자네의 하느님이여.
그런 줄 알고 진짜 하느님이 오신 것처럼
요리를 해서 대접해야 혀.
장사 안 되면 어떻게 하나
그런 생각은 일절 할 필요 없어.
하느님처럼 섬기면
하느님들이 알아서 다 먹여 주신다 이 말이야.

侍天主_{시천주}

하늘(한울)을 모시다

누가 하느님?

거지에게는 행인이
장사꾼에게는 손님이 하느님이다.
그런 줄 알고 손님을 하느님처럼 잘 모셔야 한다.
누가 당신에게 밥을 주고 입을 옷을 주는지 잘 봐야 한다.

학교 선생님에게는 누가 하느님인가? 그렇다, 학생이다.
공무원에게는 누가 하느님인가? 지역 주민이다.
대통령에게는 국민이 하느님이고
신부나 목사에게는 신도가 하느님이다.

똥물

친구가 똥물에 빠져 있을 때
우리는 바깥에 선 채 욕을 하거나 비난의 말을 하기 쉽습니다.
대개 다 그렇게 하며 살고 있어요.
그럴 때 우리는 같이 똥물에 들어가서
'여기는 냄새가 나니 나가서 이야기하는 게 어떻겠느냐.'고
말해야 합니다.
그러면 친구도 알아듣습니다.
바깥에 서서 입으로만 나오라 하면 안 나옵니다.

나를 찌른 칼

자네 그렇게 옳은 말을 하다 보면
누군가 자네를 칼로 찌를지도 몰라.
그럴 때 어떻게 하겠어?
그땐 말이지,
칼을 빼서 자네 옷으로 칼에 묻은 피를 깨끗이 닦은 다음
그 칼을 그 사람에게 공손하게 돌려줘.
그리고 날 찌르느라고 얼마나 힘들었냐고
고생했냐고
그 사람에게 따뜻하게 말해 주라고.
거기까지 가야 돼.

도둑

도둑을 만나면 도둑이 돼서 얘기를 나눠야 해요.
도둑은 절대 샌님 말은 안 들어요.
저 사람도 나와 같은 도둑이다 싶으면
그때부터 말문을 열기 시작한다 이 말이에요.
그때 도둑질을 하려면
없는 사람 것 한두 푼 훔치려 하지 말고
있는 사람 것을 털고
그것도 없는 사람과 나눠 쓰면 좋지 않겠냐고 하면
알아들어요.
부처님은 마흔네 개의 얼굴을 갖고 계시다는 말이 있는데
말하자면 이런 거지요.
'누구를 만나든 그 사람과 하나가 된다.'
이 말이에요

화해

화해는 우리의 일체의 권리와 조건들을
포기한다는 것을 의미해요.
그것은 또한 우리가 적대자들 가운데서
우리 자신들을 본다는 것을 뜻하기도 합니다.
왜냐하면 적대자는 무지함 가운데 있기 때문이며
우리 자신들 또한 많은 일들에 무지하기 때문입니다.
따라서 오로지 사랑이 넘치는 자비와
올바른 자각만이
우리를 자유롭게 할 수 있습니다.

지금 이 자리에서

만약에 여러분에게 대통령직 인수위에서
장관이나 그럴듯한 기업체 사장 자리를 줄 테니
그쪽 생활을 정리하고 서울로 올라오라고 한다면
어떻게 하시겠습니까?

그 대답이 '예, 열심히 하겠습니다.'였다면
그는 열심히 사는 사람이 아니고,

정말 열심히 사는 사람이어서
'저는 지금 하는 일을 정말로 사랑하고
또한 긍지를 갖고 있으며
저의 계획에 따라서 일을 마무리하여야 하므로
갈 수 없습니다.'
하는 사람이라야
정말로 잘 사는 사람이고 멋쟁이가 되는 겁니다.

우두머리

어머니라는 분이 왜 고맙습니까?
밥을 해 주시기 때문이지요.
똥오줌을 닦아 주시기 때문이지요.
청소를 해 주시기 때문이지요.
어머니라고 뻐기기 때문에 고마운 게 아니라는 말씀이에요.

대표 혹은 우두머리가 된다는 것은 어머니가 되는 거예요.
밥 주고, 옷 주고, 청소해 주고 해야 해요.
위에서 시키고 누리려고 해서는 안 된다 이 말이에요.
밑에 있는 사람들보다 더 아래에서 일을 해야 해요.

天無善惡천무선악

하늘은 선과 악이 없다

선행

착한 일을 하되

자신이 착한 일을 한다는 의식 없이 하는 것,

그게 '선행'이에요.

좋은 일을 했어도

그건 당연한 일이고 으레 해야 할 일이니까

거기에서 무슨 보답을 받겠다는

그런 계산이 없는 거지요.

만일

스스로 '내가 착한 일을 한다.'는 생각을 하면서 했다면

그건 '선행'이 아닌 거예요.

어떤 보답을 받기 위해서 선을 행한다면

그때는 그 선이 악으로 바뀌는 거예요.

무위당 선생의 집

2007년부터 원주시 봉산동 일대에 재개발 아파트 건축이 추진되면서 자칫 사라질 위기에 처한 무위당 선생 댁 사진입니다. 1955년에 선생이 형제들과 함께 손수 지은 집입니다. 생전의 선생님의 숨결과 자취가 서린 곳입니다. 어려웠던 시절, 많은 이들이 이곳을 찾아와 선생님과 밤을 세우며 우주의 철리(哲理)와 현실의 모순을 논하던 곳, 그리고 가슴 가득 생명에 대한 사랑과 정의와 평화에 대한 희망과 의지를 담아 갔던 그곳입니다. 유행처럼 곳곳에 번져나가는 개발의 열풍이 이곳 무위당 선생 댁까지 밀려오는 것을 보면서, 당연히 지키고 보존해야 할 당위성 앞에 많은 이들이 고민하고 있습니다.

ⓒ장동호

매일 아침 일찍 부모님께 문안을 드리고 부모님의 요강을 손수 비우시던 모습,
그렇게 부모님을 마음으로부터 공경하던 모습과
주위 사람들을 늘 따뜻하게 대하던 선생님의 모습을 보고,
이분을 평생 모시면서 사람답게 사는 방법을 배워야겠다고 생각했습니다.

이경국 전 신협전국연합회 사무총장

어머니는 끝이 없네

화목

한집에 사는 두 사람이 화목하면
그들이 '산아 움직여라.' 하면
산이 움직인다.

母月山 모월산
어머니 달 산 (치악산을 무위당 선생은 이렇게 불렀다.)

어머니

어머니는 아주 슬기로우셨어요.
지금도 어머니 생각을 하면
어린 아이처럼 눈시울이 뜨거워져요.

영악스럽게 살지 말라고
그 다음에는 반드시 앙화가 온다고
그런 걸 어머니는 가르쳐 주셨어요.

인물

사람들이 말하기를
원주는 치악산이 막혀서 인물이 안 나온다고 해요.
하지만 이완용 같은 사람들이 나와도
인물 났다고 할 수 있겠어요?
이 동네는 이 동네에서 최선을 다하는 사람들이 모여 살면
거룩해지는 것이지요.

사람들이 '인물'이라고 하는 것이
구체적으로 무엇이냐는 겁니다.
그건 결국 다른 사람들을 괴롭히는 인간을 말합니다.
세상에서 보통 인물이라고 하면
기운 세고
머리 좋고
권세 있는 사람인데
알고 보면 그런 인간들 때문에 세상이 허덕여 왔습니다.

경쟁

지금 우리가 자녀를 키우는데
고등학교도 가야 되고 대학도 가야 되고
뭐 대학원도 가야 되고 뭐도 가야 되고 하는데,
이렇게 하는데 얼마나 많은 노력을 들입니까?
그런데 그것은 세상 경쟁 속에서 이기라는 얘기 아니겠어요?

세상에서 말하는 보화를 얻고자 하면
사람의 행동이 제대로 갈 수가 없어요.
그것에 사로잡혀서 방해가 된다 이 말이에요.

아이들을 대학에 보내고, 명문고등학교에 보내고
이런 거 때문에
정상적으로 자게 하고
정상적으로 움직거리게 하고
정상적으로 인간관계를 갖게 할 수가 없잖아요.

완전히 그리 몰아가기 때문에
부귀, 명예, 권세, 그런 거에 가치의 중심을 두기 때문에
전부 그리 달려 뛰는 거라.
그러니까 결국은
이 사람이 일등을 하게 되면 내가 메달을 못 따니까
이 사람이 못 따기를 바라게 되는 거지요.

요즘 자식을 가르칠 때 '너 일등해라.' 하고 가르치지요.
사회적으로 이게 얼마나 공해입니까?
내 자식이 꼭 일등해야 한다는 건
남의 자식은 다 뒤로 처지란 얘기 아니에요?

상

누가 이런저런 일을 잘했다고 떠받들어 상賞을 주면
모두가 그렇게 하려고 한단 말이에요.
그렇지만 사람이란 태어날 때부터
잘하는 게 있으면 못하는 게 있고
또 그 중간치쯤 되는 사람도 있고
그래서 고루고루 강약이 하나로 돼 있고
우열이 하나로 돼 있고 그런 건데
이걸 한쪽으로 몰아 놓고 보면
모두가 그 '잘한다' 소리 듣는 놈처럼만 되려고 하거든.
그러면 미숙한 젊은이들이 다양하게 고르게 자라는 것을 막고
눈을 어둡게 만드는 꼴이 되고 말아요.
자연에는 경쟁이 없잖아요.
그런데 인간 세상에서 자꾸 잘난 것을 받들게 되면
저절로 다툼이 일어나게 마련이에요.

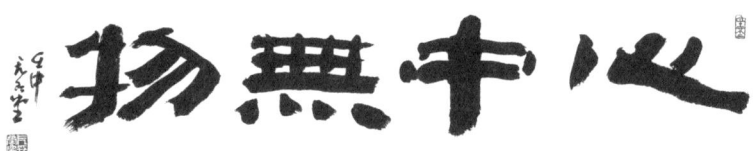

心中無物 심중무물

마음 가운데 아무것도 없다

내세우지 말라

불쌍한 놈은 들어 올리고 힘센 놈은 좀 누르는 게
온전한 도리라고 생각해 왔지요?
그런데 그냥 그것으로 끝내야 하는 거예요.
그걸 가지고 내가 옳은 일 했느니
내가 잘했느니 하고 떠들면서 자기를 내세웠을 때에는
그걸 가지고자 하는 것이거든요.

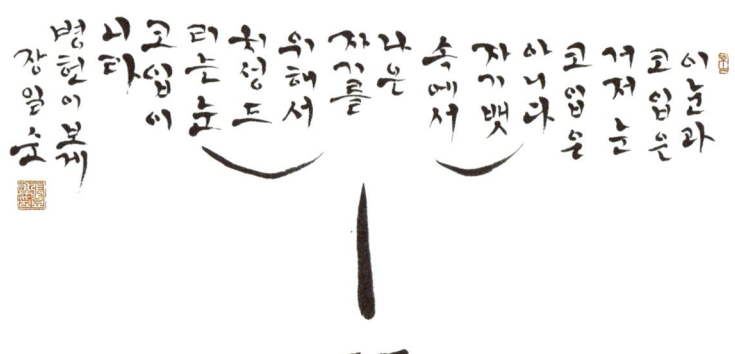

이 눈과 코 입은 거저 눈 코 입은 아니다
자기 뱃속에서 나온 자기를 위해서 치성드리는 눈 코 입이니라

함께 가는 길

깃발을 너무 앞세울 때는
함께 가는 사람 가운데 늦게 일어난다거나
일을 게으르게 하는 사람이 있으면 나무라기 쉬워요.
미워하는 마음이 일기 쉽다는 거예요.
그럴 때는 말이지,
따뜻한 마음을 갖고
어깨동무를 해서 일으켜 세워
같이 가는 마음이 중요해요.

또 그러다가 보면 일이 이뤄질 것 아녜요?
크든 작든 공이 생긴단 말이에요.
그때 그건 내가 잘해서 그렇게 됐다 하지 말고,
'같이 가는 사람들 공이다.'
이렇게 공을 남에게 넘기라는 거지요.

혁명

혁명이란 따뜻하게 보듬어 안는 것이에요.
혁명은 새로운 삶과 변화가 전제가 되어야 하지 않겠어요?
새로운 삶이란 폭력으로 상대를 없애는 게 아니고
닭이 병아리를 까내듯이
자신의 마음을 다 바쳐 하는 노력 속에서
비롯되는 것이잖아요?

새로운 삶은 보듬어 안는 '정성'이 없이는 안 되지요.
혁명이라는 것은 때리는 것이 아니라
어루만지는 것이에요.
아직 생명을 모르는 사람들 하고도 만나라 이거예요.
보듬어 안고 가자는 거지요.
그들도 언젠가는 알게 될 겁니다.
상대는 소중히 여겼을 때 변하는 거거든요.

혁명은 보듬는 것
혁명은 생명을 한없이 보듬는 것
온몸으로 따뜻하게 보듬어 안는 것
혁명은 보듬는 것
따뜻하게 보듬는 순간순간이 바로 혁명
어미닭이 달걀을 보듬어 안듯
병아리가 스스로 껍질 깨고 나오도록
우주를 온몸으로 보듬어 안는 것
혁명은 보듬는 것
부리로 쪼아주다
제 목숨 다하도록
혁명은 생명을 한없이 보듬는 것
어미닭이 달걀을 보듬는 순간
스스로도 우주의 껍질을 깨고 나오는 것
한없이 보듬는 순간순간이
바로 개벽
개벽은 보듬는 것

김지하 시인의 '남南'에서

변화

사회를 변혁시키려면 상대를 소중히 여겨야 해요.
상대는 소중히 여겼을 적에만 변해요.
무시하고 적대시하면
상대는 더욱 강하게 나오려고 하지 않을까요?
상대를 없애는 게 아니라
변화시키는 것이 중요하다고 생각한다면
다르다는 것을 적대 관계로만 보지 말아야 해요.
내 것이 옳다고 하는
매우 이데올로기적인 틀을 갖고
여기에 동의하는 사람들끼리만 판을 짜려고 해서는
세상의 큰 변화를 이루기 어렵지요.

겨울나무 아래서

1991년 어느 겨울 날입니다. 이 무렵 무위당 선생은 예기치 않았던 병을 얻게 됩니다. 하지만 가족과 지인들의 걱정 속에서도 선생은 오히려 당당하게 병을 받아들이고 대처하는 모습을 보여 주셨습니다. 병마와 싸우는 중에도 '세상이 병들고 시대가 병들었으니 사람이 병드는 것도 당연하다.'며 한결같은 모습으로 강연과 서화에 몰두하셨습니다. 꿋꿋하게 당신의 병을 함께 모시고 가는 모습을 보여 주셨습니다.

ⓒ무위당사람들

내게는 아버지 같았던 분.

김민기 뮤지컬 <지하철 1호선> 연출가

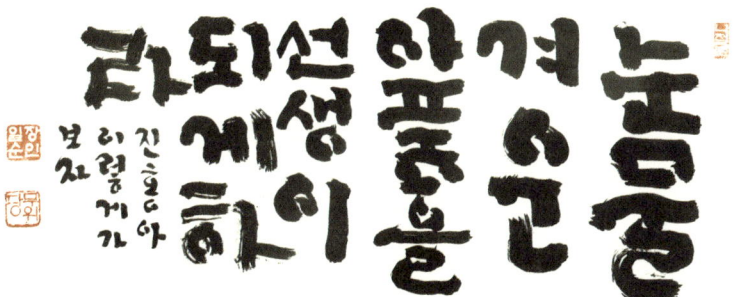

눈물겨운 아픔을 선생이 되게 하라

행복

이렇게 미련한 나에게도
낮에는 하늘의 태양이 밝게 비추어 주시고
밤에는 달이 자정慈情의 빛을 주시며
땅은 필요한 만물을 제공해 주십니다.

이 못난 남편을 아내는 주야晝夜로 걱정하면서
건강하게 좋은 일 하기를 바랍니다.
내 자식 삼형제는 훌륭한 아비 되기를 항상 마음에 간직하고,
내 아우들은 이 무능한 형을 공경하며
세상의 많은 선배·후배·친지들은
건강하고 도통하여 세상 만민에게 많은 복을 베풀기를 바라니
나의 인생이 이 이상 더 행복하고 기쁠 수 있겠습니까?

조 한 알

나도 인간이라 누가 뭐라 추어주면
어깨가 으쓱할 때가 있어요.
그럴 때 내 마음 지그시 눌러 주는 화두 같은 거지요.

세상에 제일 하잘것없는 게 좁쌀 아니에요?
'내가 조 한 알이다.' 하면서
내 마음을 추스르는 거지요

나의 병

지금 지구도 암을 앓고 있고
자연 전체가 암을 앓고 있는데
사람도 자연의 하난데
사람이라고 왜 암이 안 걸리겠어요.
그러니까 큰 것을 내게 가르쳐 주느라고
결국은 '너 좀 앓아 봐라.'
하고 아마 그러신 것 같아요

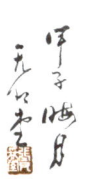   

維摩病 유마병
중생의 아픔을 보고 자비의 마음으로 함께한 유마거사의 병

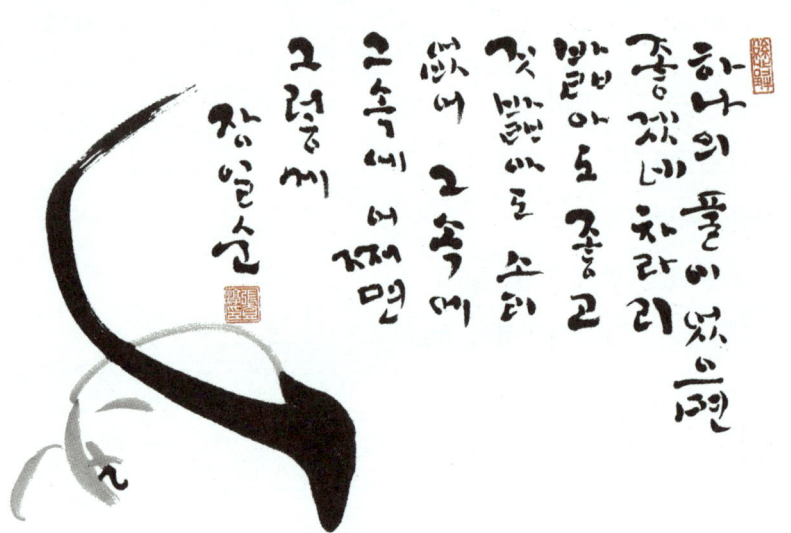

하나의 풀이었으면 좋겠네
차라리 밟아도 좋고
짓밟아도 소리 없어
그 속에
그 속에 어쩌면 그렇게

싸우지 말고 모셔라

싸우고 가면 말이지
계속 고달픔을 줘요.
상대도 그걸 견뎌 내는
내성이 생긴단 말이에요.
그러니까 편안하게 해 줘야 낫는다고.

모시고 간다는 건
병을 편안하게 해 줌으로써
풀어 주는 거예요.
병하고 싸우면 말이지
병은 점점 기승을 부리거든요.

병상에서

내가 사실은 엉터리라고.
병원에 드러눕고 보니까
내가 왜 이렇게 번거로운 일에 빠져드나 하는 생각이 들더군.
엄청난 은혜를 입고 사는데 말이지.
병원 침상에 누웠다 이렇게 앉아서 그런 생각을 하는데
한순간 평화와 환희가 지나가더라고.
해월 선생께서
나락 한 알에 우주가 함께 하신다고,
이천식천以天食天이라고 그러셨지.
그러니 지금 우리가 다 한울이 한울을 먹고 있는 거란 말이지.
엄청난 영광의 행사를 하고 있는 것이 아닐까?
그런데 우리는 음식을 앞에 놓고

입맛이 있네 없네, 맞네 안 맞네
이런 걸 계산하고 있단 말이야.
마음 자세가 제대로 되어 있다면
우리가 식사할 때마다
거룩하고 영광된 제사를 지내고 있는 거거든.
그렇다면 우리가 지금 이 자리에 앉아서
기쁨을 나누고 있는 이게 천국이 아니고 뭔가.
천국이 어디 다른 데 있는 게 아니지.
그러면서도 자꾸 그걸 버리고 딴 생각을 한단 말이야.
그래서 이런 병도 생기거든.
그렇지 않았으면 이런 병이 생기지 않았지.
그러니까 내가 아주 철면피여.

그림값

만약 이 그림을 그리면
얼마를 받는다는 생각이 들어오면
그날로 나는 붓을 꺾을 것이다.

나라는 것은 찌꺼기일세
맑은 물같이 그렇게

말씀

개문류하開門流下
문 열고 아래로 흘러라.

나 세상에서 깨진 놈들 속에 있노라

원주가톨릭센터 사무실에서

1960년대 후반부터 무위당 선생은 천주교 원주교구장 지학순 주교와 함께 가톨릭평신도 운동을 펼칩니다. 1968년에 건립된 원주가톨릭센터는 천주교 원동성당과 함께 두 분의 주 활동 무대가 됩니다. 두 분은 이곳을 중심으로 신용협동조합 운동과 민주화 운동을 추진해 나갔으며, 1972년 남한강 대홍수 때에는 이재민들을 돕기 위한 재해 대책 활동과 사회개발 운동을 전개하기도 했습니다. 두 분의 노력 속에서 이곳은 정의와 협동의 역사가 만들어지는 원주의 문화 중심지가 되었습니다.

ⓒ무위당사람들

부모 없는 집안의 맏형 같은 사람

이현주 목사

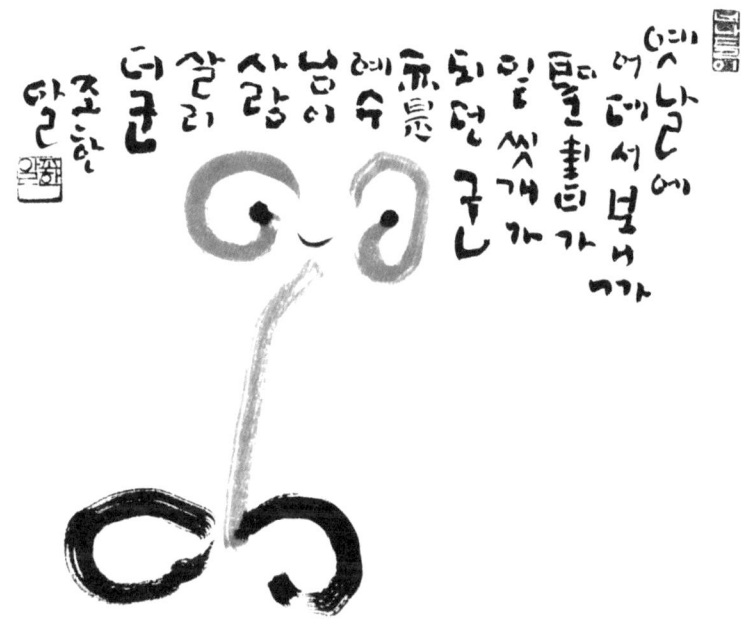

옛날에 어데서 보니까

성서가 밑씻개가 되더군

역시 예수님이 사람 살리더군

종교

모든 종교는 담을 내려야 합니다.
모든 종교의 말씀은 같아요.
어차피 삶의 영역은 우주적인데 왜 담을 쌓습니까?
그것은 종교의 제 모습이 아닙니다.
담을 내려야 합니다.
너는 어떤 종교, 나는 어떤 종교라는 걸 존중은 하되
생활과 만남에 있어서는 나누어져서는 안 됩니다.
생명은 '하나'니까요.

구유에서 태어나신 예수

예수가 하필이면 왜 짐승의 먹이 그릇인 구유에서 태어났을까요?
하느님은 인간만을 사랑하지 않고
동물과 자연 우주 모든 존재를 하나같이
자기 몸으로 섬기신다는 징표지요.
일체를 섬기시고자 오신 분이라는 것입니다.

구유에 오신 것은 짐승의 먹이로 오신 것입니다.
인간 세상만을 구원하기 위해 오신 것이 아니라
무한한 우주 공간과 무한한 시간에 걸쳐
보이는 것, 안 보이는 것
몽땅 해결을 하러 오신 것을 알게 됩니다.
일체 만물의 진정한 자유와 평화를 위해서 오신 것입니다.

근데 우린 오랫동안 인간만을 사랑하신다고
잘못 이해해 왔던 것입니다.

문 열고 세상 속으로

민중은 삶을 원하지 이론을 원하지 않아요.
이제부터는 정당이나 정치로는 한계가 있어요.
간디와 비노바 바베의 실천 사례에서 배워야 돼요.
종교로 우회할 수밖에 없어요.
그러자면 사회 변혁의 정열 이외에
영혼 내부의 깊은 자성의 태도가 필요할 것입니다.

1962년에서 1964년까지 2년에 걸쳐 바티칸은
대규모 공의회를 열었습니다. 교황 요한 23세는 '교회가 폐쇄되어
질식 상태가 되었으니 숨이 막혀 못살겠다. 창문을 활짝 열라.'고 했어요.
개인의 구원만이 아니라 노동 문제나 제3세계 문제 등에 대한
사회 참여를 시작한 거예요.

문을 열고 나와 개신교와도 만나고 타종교인들도 만나고 나아가
교회의 토착화까지 말하면서 전 세계 민중들로 하여금 자기 지역의
거룩한 민족 지도자들 의인들 현인들까지 만나게 해 주었어요.

내가 밥이다

우리 천주교회는 빵 믿는 교회 아닙니까?
예수께서 스스로 빵이라 했으니까요.
이것을 바꾸어 말하면 '내가 밥이다.'라는 이야기죠.
그러니 낟 곡식 한 알 한 알이 얼마나 엄청난 것입니까.
우리 모두는 하늘과 땅이 먹여 주고 길러 주지 않으면
살 수가 없어요.

만물이 모두 하늘과 땅 덕분에 살아 있고
그의 자녀들이니
만물은 서로 형제자매 관계 아닙니까?
짐승도 하늘과 땅이 먹여 주고
벌레도 하늘과 땅이 먹여 주고
사람도 하늘과 땅이 먹여 주죠.

겸손한 마음

'불감위천하선不敢爲天下先이라.'
세상에서 다른 사람 앞에 서려고 하지 말라 이 말이에요.
남을 도와서 남이 앞에 서게 하라 이거예요.
남이 꽃피우게 하라 이 말이야.
이웃이 잘되게 하라 이 말이야.
겸손한 마음으로 섬기라 이 말이야.
이것을 노자가 얘기할 적에,
이것은 나의 보배다 이런 말씀을 했는데,
이게 다 예수님이 말씀한 얘기예요.
예수님 일상생활에서,
'나는 길이요.' 하신 그 길에서
다 말씀한 얘기예요.

생명의 나라

예수님은 그런 나라를 얘기했어요.

남의 것을 힘 있으면 다 빼앗아 갖고

갖다가 별짓 다하고

남의 금덩이고 보석이고 있으면 덮어놓고 다 노략질하는

그런 나라가 아니라

자연 속에 만물 속에 들어가 있는

그 생명의 나라

끊을래야 끊을 수 없는 나라

나눌 수 없는 나라

그러나 그것이 전체를 절대 절명으로 지배하는 나라

그 위대하심이 길가에 피는 작은 꽃 한송이에도 있는 나라!

그걸 얘기했어요.

참 엄청난 말이죠.

그걸 거룩한 사람들

사심이 없던 사람들

욕심이 없던 사람들은 일찍 알아들었지요.

天心樂 천심락

하늘의 마음으로 사는 것이 즐겁다

할아버지와 해월

'난을 치되 반드시 난이 아니라 이 땅의 산야에 널려 있는 잡초에서부터 삼라만상이 다 난으로 되게 해서, 시나브로 난이 사람의 얼굴로 되다가 이윽고는 부처와 보살의 얼굴로 되게끔 쳐 보는 게 내 꿈일세.'

1989년 서재에서 난을 치고 있는 무위당 선생 뒤편으로, 선생에게 어릴 때부터 한학과 서예를 가르친 할아버지와 동학의 2대 교주 해월의 사진이 나란히 놓여 있는 모습이 보입니다. 두 분 모두 선생의 사상과 세계관 형성에 큰 영향을 주셨습니다. 할아버지 장경호가 사는 모습은 어린 무위당의 가치관 형성에 큰 귀감이 되었으며, 해월 최시형의 동학 사상은 어른 무위당의 생명 사상에 근본적인 바탕을 이루고 있습니다.

ⓒ무위당사람들

이 땅의 풀뿌리 백성을 하늘처럼 섬기고, 사람 사는 도리를 가르쳤던
해월 최시형 선생이 지금 단순히 동학이나 천도교의 스승이 아니라
이 겨레, 이 나라 사람들 전체의 스승이듯이
장일순 선생의 자리도 그러한 것이 아닌가 합니다.

김종철 전 녹색평론 발행인

조석으로 끼마다 상머리에 앉아

한울님의 큰 은혜에 감사하자

하늘과 땅과 일하는 만민과

부모에게 감사하자

이 모두가 살아가는 한 틀이요

한 뿌리요

한 몸이요

한울이니라

敬於食경어식

밥을 공경하라

거룩한 밥상

이 물 한 컵, 밥 한 사발, 김치 한 보시기

이것은 제왕이나 다름이 없는 거룩한 밥상이란 말이에요.

그 자세, 그 깨달음이 없으면

언제나 남의 호화로운 것에 도취해가지고

최면 걸려서

오늘날의 문명 속에서 오는

매스컴을 통해서 오는 환각 때문에 맨날 겉돌게 돼요.

> 모든 이웃의 벗
> 崔보따리 선생님
> 을 기리며

해월, 겨레의 스승

이 땅에서 우리 겨레가 어떻게 살아가야 하고
또 온 세계 인류가 어떻게 살아가야 하는가를
정확하게 일러 주신 분이 해월이지요.
우리 겨레로서 가장 자주적으로 사는 길이 무엇이며
또 그 자주적인 것은 일체와 평등한 관계에 있어야 한다는 것을
그는 설명해 주셨지요.
눌리고 억압받던 이 한반도 100년의 역사 속에서
그 이상 거룩한 모범이 어디 있겠어요?
그래서 저는 해월에 대한 향심이 많지요.
물론 예수님이나 석가모니나 다 거룩한 모범이지만
해월 선생은 바로 우리 지척에서
삶의 가장 거룩한 모범을 보여 주고 가셨죠.

새알 하나, 풀잎 하나

해월 선생 말씀에
'천지만물 막비시천주야天地萬物 莫非侍天主也라.'
하늘과 땅과 세상의 돌이나 풀이나 벌레나 모두가
한울님을 모시지 않은 것이 없다 했어요.
그래서 제비알이나 새알을 깨뜨리지 말아야 하고
풀잎이나 곡식에 이삭이 났을 때 꺾지 말아야 하거든요.
'새알이나 제비알을 깨뜨리지 않으면 봉황이 날아 깃들 것이고,
풀의 싹이나 나무의 싹을 자르지 않으면 숲을 이룰 것이고,
그렇게 처세를 하면 그 덕이 만물에 이른다.
미물까지도 생명이 함께하신다고
모시게 되면 그렇게 된다.'고 말씀하셨어요.

侍天主也

埼月先生法法
壬申之春
元素濟夫

天地萬物 莫非侍天主也 천지만물 막비시천주야

천지만물을 모두 한울님으로 모셔야 한다

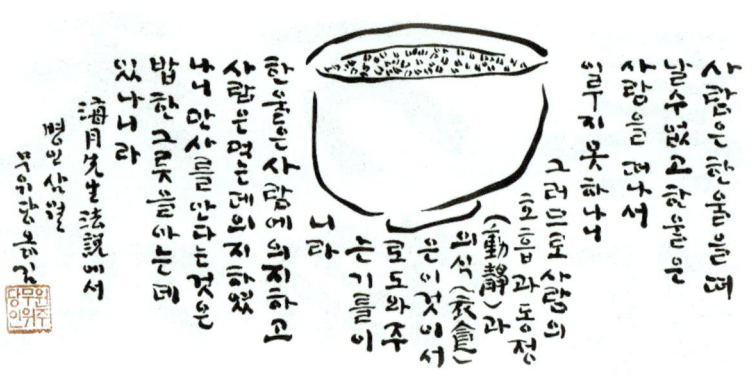

사람은 한울을 떠날 수 없고 한울은 사람을 떠나서 이루지 못하나니
그러므로 사람의 호흡과 동정과 의식은 이것이 서로 도와주는 기틀이니라.
한울은 사람에 의지하고 사람은 먹는 데 의지하였나니
만사를 안다는 것은 밥 한 그릇을 아는 데 있나니라

이천식천*

지금 우리가 생각해야 할 것은 뭐냐.

저 집에는 뭐 갈비도 먹고 돼지도 먹고 하는데

우리는 일 년 내내 갈비도 못 먹고 돼지도 못 먹고 이게 뭐야,

그런 게 문제가 되는 게 아니다 이거야.

밥 한 사발에 우주를 영迎하는 거다,

하늘을 영하는 거다 이 말이에요.

'이천식천以天食天이라.'

'하늘이 하늘을 먹는다.'고 했어요.

그 풀 하나에

낟알 하나에 우주가 다 있는 거라.

***이천식천**以天食天: '한울로써 한울을 먹는다'는 해월 최시형의 말씀이다. 강자에 의해 약자가 먹히는 관계가 아니라, 서로 기를 북돋워 주고 서로 키워 주는 상생의 원리를 말한다.

향아설위

특히 내가 좋아하는 것은 '향아설위向我設位'라는 거예요.

그것은 종래의 모든 종교에 대한 대혁명이죠.

늘 저쪽에다 목적을 설정해 놓고

대개 '이렇게 이렇게 해주시오.' 하고 바라면서

벽에다 신위神位를 모셔 놓고 제사를 지내는데,

그게 아니라 일체의 근원이 내 안에 있다.

즉 조상도 내 안에 있고

모든 시작이 내 안에 있으니까

제사는

내 안에 있는 영원한 한울님을 향해 올려야 한다는 말씀이에요.

상대를 변화시키며 함께

반생명적인 일체의 조건으로부터 벗어나야 해요.

그것은 주먹으로 상대를 때려눕히면서 하는 것이 아니라

상대를 변화시키는 운동으로

비협력으로 해야 돼요.

3·1만세에 민족의 자주와

거룩한 민족의 존재를 천명하는 속에서도

비협력과 비폭력이라고 하는 정신이 깃들어 있었어요.

그건 바로 동학의 정신이에요.

또 그 동학의 정신은 뭐냐.

아시아에 수천 년을 내려오는

유불선儒佛仙의 맥에서 온 거지요.

모든 종교가 이제는 자기 스스로 가지고 있던 아집我執의 담을 내리고

서로 만나면서 이 지구에 한 삶터, 한 가족, 한 몸, 한 생명

이것을 어떻게 풀어 갈 것이냐

하는 것을 서로 얘기해야 돼요.

人乃天 인내천

사람이 곧 하늘이다

골목길

봉산동 천주교회 건너편, 파출소 뒤쪽으로 나 있는 골목길입니다. 주변으로 2차선 소방도로가 새로 뚫리고 새집들이 들어서는 등 변화가 많았지만, 몇 십 년째 같은 모습으로 동네 어귀를 지키고 있는 좁은 골목길입니다. 왼쪽 담장 안쪽이 선생님 댁입니다. 둑방길이 선생님이 즐겨 다니셨던 길이라면 이 골목길은 선생님을 찾는 이들이 주로 다녔던 길입니다. 많은 이들이 선생님을 만나러 이 길을 지나갔습니다. 암울했던 시절, 감시의 눈길을 피해 이 좁은 골목길을 후다닥 지나서 선생님을 찾아와서 밤이 새도록 시국을 논하고 술잔을 넘기며 울분을 토하기도 하였습니다. 그러고는 가슴 한구석 새 희망을 담고서 다시 이 길을 지나 돌아갔습니다. 몸 숙이고 이 길을 지나는 사람들을 지켜보는 감시의 눈빛도 그땐 언제나 이 길에 머물러 있었습니다. 추억의 골목길, 선생님은 먼저 이 길을 떠나셨지만 예나 지금이나 여전한 모습으로 그대로인 좁은 길입니다.

ⓒ무위당사람들

사회에 밀접하면서도 사회에 매몰되지 않고, 인간 속에서 영향을 미치고
변화시키면서도 본인은 항상 그 밖에 있는 것 같고, 안에 있으면서 밖에 있고,
밖에 있으면서 안에 있고, 구슬이 진흙탕 속에 버무려 있으면서도 나오면
그대로 빛을 발하는 것 같은, 그런 사람은 이제 없겠죠.

리영희 전 한양대 교수, 『전환시대의 논리』 저자

일체 중생이 내 한 줄기 꽃 속에 깃들음을 알아야 하거늘

선과 악

길고 짧은 게 서로 다른 둘이 아니라
하나의 다른 모양이에요.
이건 선善이다, 저건 악惡이다 하고
우리가 분별을 하는데
도道의 관점에서 보면
대립물의 자기 동일이 이루어지니까
그 분별이 고정돼서
이건 항상 선이고 저건 언제나 악이고
그럴 수는 없어요.
따라서 선이 선을 고집하고
나머지를 모두 악으로 몰아 버리면
바로 그 선이 악이 되는 거예요.

내 안에 아버지가 계시고

'내 안에 아버지가 계시고 아버지 안에 내가 있다.'
이것이 이제 앞으로의 문화
앞으로 살아갈 공생의 시대에
근원이 되는 사상이요, 핵심이란 말입니다.
사심 없는 자기부정으로 겸허하게 끝까지 가면
그때는 남는 게 아버지밖에 없어요.
풀 하나, 돌 하나, 벌레 하나를 보았을 때
함부로 꺾지 않고 함부로 살생하지 않으며
그것들 일체를 이용 대상으로 보지 말란 것입니다.

작은 먼지 하나에 우주가 있다

도道라는 게 어디 따로 있는 게 아니에요.
'일미진중一微塵中에 함시방含十方이라.'
티끌 하나에 시방세계十方世界가 들어 있다는 말을
불가에서 하는데,
우리가 세속이라고 말하는 바로 거기에
도가 들어 있단 말이에요.
예수님이 세속 죄인과 함께하시잖아요?
바로 거기가 천당이거든요.
천당이 어디 따로 있는 것이 아니라
바로 이 세속에 있는 거라.
해월 선생께서
'천지즉부모天地卽父母요 부모즉천지父母卽天地니,
천지부모天地父母는 일체야一體也라.' 하셨는데
지구와 하나 되는 것
우주와 하나 되는 것
천지만물과 하나 되는 것이 바로 그것이지요.

내가 없어야

석가가 말하기를
'천상천하天上天下에 유아독존唯我獨尊이라.'
하늘과 땅 사이에 내가 가장 존귀하다고 했는데
그 말이 젊어서 읽을 때는 교만한 말로 읽히더니
요즘 가만 생각해 보면
그보다 더 겸허한 말씀이 없더라고요.

예수님도 나는 하느님과 함께 있다고
아버지와 나는 둘이 아니라고
나는 아브라함 이전부터 있었노라고 그러셨는데
그 말씀 또한 더없이 겸허한 말씀이거든요.
왜냐하면
그분들에게는 한 점도 사私가 없었으니까요.
터럭만큼도 사가 없는데
어디 그 이상 겸허할 수가 있겠어요?

바람 바람 바람은 서 있는 놈이 없으면 바람도 아니야

무위

무위無爲라는 게 어떤 거냐.
배고프다고 하면 그 사람이 날 도운 적도 없고
또 그 사람이 날 죽일 놈이라 했다고 하더라도
배가 고픈데 밥 좀 줄 수 있을까 했을 적에
밥을 줄 수 있어야 한다 그 말이에요.
또 헐벗어서 벌벌 떨고 있으면
그 사람의 등이 뜨시게끔 옷을 입혀 주는 것이
무위다 그 말이에요.
저 놈은 옷 줘 봤자 뒤로 또 배반할 테니까 옷 줄 수 없어.
그것은 무위가 아니야.
그것은 '유위有爲'지.
우리가 얼핏 생각할 때
건들거리고 노는 것을 생각할지 모르지만
그런 것이 아니라 계산 보지 않는 참마음
그런 것이 무위지요.

하나

자애慈愛와 무위無爲는 삶에 있어서
하나의 표리表裏 관계에 있다고 생각합니다.
자애라고 하는 것은
'나와 하나'라고 하는 그런 관계가 아니면
자애라고 이야기할 수가 없고
사랑이라고 할 수가 없어요.
그러니까 사랑의 관계에 있어서는
'너'와 '나'라는 관계가 아니라
'하나'라고 하는 관계
동체同體라고 하는 관계
'무아無我'의 관계지요.
무위라는 것은 그런 속에 있어서
하나의 행위 양식이라고 할 수 있어요.
무위는 계산법이 없으니까
'이렇게 하면 이로우니까'의 관계가 아니라는 거예요.

그 자리

도의 경지란
현상계에서 어떤 욕심을 버려야만
가 닿을 수 있는 곳이거든요.
날마다 버릴 때에 가 닿는다는 얘기지.
그래서 도는 '안다 모른다'에 속하지 않는 거 아니에요?
대大와 소小가 따로 없고
선善과 악惡이 따로 없으니까.
그런데 노자는 뭐냐 하면
모순 통일의 자리에서
모든 것을 들여다보라는 거예요.
그 '보는 자리'가 중요하거든요.
그 자리에서 세상만사를 들여다보시는 분을 가리켜
수운이나 해월은 '한울님'이라 했고
예수는 '아버지'라고 했어요.
그러니까 언제나 구체적으로 무슨 일을 하다가도
그 자리로 돌아가라는 거예요.

관계

물을 나눌 수 있습니까?

이 세상에 물을 나눌 수 있어요? 없지요.

우리가 물 마실 때나

이렇게 저렇게 물 있는 데를 찾아다닐 때 보면

나누어져 있는 것 같은데

그 물은 나누어져 있는 게 아니다 이 말이에요.

물 한 방울이 바다에 가고 하늘에 가고 다 간다 말이에요.

또 이 지구를 우리가 나눌 수 있어요?

그것은 인간들이 만드는 소유의 역사에서나 나눌 수 있는 거지,

땅은 나눌 수 없다 이 말이에요.

지구는 하나!

또 공기를 나눌 수 있습니까?

공기까지 나누는 판이 된다고 할 적엔 이건 다 가는 거라.

다 '하나'라 이 말이에요.

다 하나인 그 속에서 이야기할 때

인간관계, 자연관계, 모든 관계가 바로 서지요.

一花之中天地 일화지중천지

한 송이 꽃 속에 천지가 있다

산은 산, 물은 물

산은 산이요 물은 물이라는 말은,
이거다 저거다 헤아리지를 않는다는 얘기예요.
일체 만물이 나와 같은 뿌리요
나와 뿌리가 같다는 말은 결국 한 몸이라는 말인데
나다 너다 이렇다 저렇다
따지고 가릴 게 없잖아요?

한 몸이니까
바다를 보면 바다고 산을 보면 산인거지요.
내가 내 코를 보고 '이건 코여.'
내 귀를 보고 '이건 귀여.'
하는 것과 똑같은 얘기예요.

그러니까 산은 산, 물은 물이라고 할 때
그 산과 물과 그걸 보는 내가
모두 한 몸이라는 깨우침을 바탕으로 해야 되지요.

無自性 무자성

자성自性이 없다

공평하게

하늘은 사람이고 벌레고 누구든지 가리지 않고
다 빛을 비춰 줘요.
비가 오면 다 축여 줘요.
그러니까 풀 하나도 태양이 없으면 안 되고
맑은 공기가 없으면 안 되고
맑은 물이 없으면 안 되고
흙이 없으면 안 되는 거예요.
풀 하나도 우주가 뒷받침해 주시는 거예요.

주교관에서 (1972년)

천주교 원주교구장 주교관에서 지학순 주교님과 무위당 선생님이 환담하시고 있는 모습입니다. 1965년 천주교 원주교구 초대교구장이 되신 지학순 주교와 무위당 선생은 평신도 교육을 위한 학습 프로그램을 개설하고 성서와 함께 제2차 바티칸공의회의 문헌들을 공부했습니다. 이 문헌들은 1962년 교황 요한 23세가 제2차 바티칸공의회에서 강조한 '교회가 폐쇄적인 태도를 버리고 시대적 요구를 적극적으로 반영해야 한다.'는 정신을 담고 있습니다. 그것은 문을 활짝 열고 세상 속으로 나아가 평신도와 타종교인들을 만나고 대화하라는 것이었습니다. 두 분은 1970년대에 재해 대책 사업과 사회개발 운동을 함께 펼치셨으며, 돌아가실 때까지 보다 인간다운 사회, 정의로운 사회를 만들기 위해 노력하셨습니다.

ⓒ무위당사람들

하는 일 없이 안 하는 일 없으시고
달통하여 늘 한가하시며 엎드려 머리 숙여
밑으로 밑으로만 기시어 드디어는
한 포기 산속 난초가 되신 선생님

김지하 시인

아아 온천하가

비바람 거세게 불던 날

꺾이지 않고

눈보라 치며 얼어붙던 날

죽지 않고

그대는 따사롭게 가슴에 파고드는

맑은 향기였어라

지학순 주교님의 생전을 기리며
무위당은 이 난초를 칩니다

문제를 풀려면

요즘 공해문제니 환경문제니 말들이 많은데
자신이 생활하는 바탕을 고치지 않고 떠드는 것은
제집은 마냥 깨끗하게 쓸고 닦고 하는데
그 쓰레기를 담 너머로 던져 버리는 꼬락서니인 거예요.
그래서는 문제가 풀리기는커녕 오히려 더 꼬일 뿐이지요.

입으로 들어가는 음식만 무공해로 먹으려 들고,
옷만 피부에 염증이 안 생기게끔 무공해로 꼭 입으려 드는데
생각에 공해가 왔을 때에는 세상이 다 먹고 입고 생활하는 게 다
공해가 온다는 사실을 우리는 깨달아야 합니다.

一切心造 일체심조

모든 것이 마음에서 이루어진다

눈에 보이지 않는 것

'보이지 않는 것은 보이지 않는 거다.'
'보이는 것은 보이는 거다.' 하고 따로 떼어 놨을 때
그러한 철학과 사상, 생각은
생명과 아주 거리가 먼 거예요.
눈에 보이지 않는 것은 없다고 생각하는
그런 생명공동체가 되어서는 안 돼요.
생명의 공동체는 작다 크다, 높다 낮다 이런 게 없어요.
큰 것은 큰 거고 작은 것은 작은 거라는 식의 생각을
우리는 하루빨리 극복해야 돼요.

기본이 되는 삶

'천지여아동근天地與我同根이요,

만물여아일체萬物與我一體라.'는 말이 있습니다.

하늘과 땅은 나와 한 뿌리요,

세상 만물은 나와 한 몸이나 다를 바 없다는 얘기입니다.

이는 세상 만민은 다 예수님 말씀대로 한 형제요,

온 우주 자연은 나의 몸과 한 몸이나 다를 바 없다는 얘기지요.

공동체의 삶은 이 바탕 위에 있다고 나는 생각합니다.

인간이 사물에 대해서 선악과 애증의 마음을 갖게 되면

취사선택取捨選擇이 있게 마련이고

좋은 것을 선택하는 선호選好 관념은 이利를 찾게 되고

이것은 현실에서 이웃과 경쟁을 하는 것으로 이어집니다.

많은 이들은 선의의 경쟁을 말하지만

그것은 상황에 따라서 악의의 경쟁도 되는 것입니다.

이런 삶은 인간이 자기 분열을 한없이 전개함으로써

결국 자멸을 가져오게 되는 것입니다.

아낌없이 나누기 위하여 부지런히 일하고
겸손하며 사양하며 검소한 삶은
인간과 인간 사이에
또한 인간과 자연과의 사이에서
기본이 되는 삶의 모습이라고 생각합니다.

생명의 길

이 산업 문명 자체가 계속 자연을 파괴하고
우리가 살아가는 땅 마저도 망가뜨리고
또 그 속에서 생산된 우리들의 농산품이 많은 사람들에게 질병을
가져오고 이렇게 되니까 이래가지고는 아무 의미가 없지 않느냐,
땅이 죽고 사람이 병들고 그럼 끝나는 거 아닙니까?
자연 생태계가 전부 파괴되고 하는 것은 정치 이전의 문제요
근원적인 삶의 문제다 이 말씀이야.
그러나 오늘날의 정치라든가 경제라든가 이런 것에는 살아가는 길이
없어요.
주판알도 잘못 놓게 되면 훌훌 털고 다시 가야죠.
인간과 인간끼리, 인간과 자연이 조화를 이루는 해결의 길이
동학에도 있고, 예수님 말씀에도 있고, 부처님 말씀에도 있고
노장의 말씀에도 있습니다.
그런 한 길 속에서 얘기가 확실히 되었을 때 이 어려운 난국을 극복해
가는 실마리를 잡아서 제대로 살아갈 수 있지 않을까 생각합니다.

내가 아닌 나

물질을 너무 낭비하면
우리 후손들이 미래에 살 수 없어요.
그러니까 알뜰하게 절약하며 생활하자는 거예요.
물자 하나하나는
거기에 모든 자연의 움직임이 역사하시는 동시에
인간의 노력이
피와 땀이 함께한 거다 이 말이에요.
그런데 그걸 어떻게 함부로 낭비하거나 함부로 버리겠어요.
그렇게 되면 결국 자기 소멸이 될 수밖에 없는 거지요.

자연과 인간, 또 인간과 인간 일체가 하나 되는 속에서
나라고 하는 존재는 고정적으로 있는 것이 아니에요.

일체의 조건이 나를 있게끔 해 준 것이지
내가 내 힘으로 한 게 아니다 이 말이에요.
따지고 보면 '내'가 '내가 아닌' 거지.
그것을 알았을 적에
생명의 전체적인 함께하심이
어디에 있는 줄 알 것이에요.

우리는 연대 관계 속에
유기적인 관계 속에
헤어질 수 없는 관계 속에서,
투쟁의 논리가 아니라 화합의 논리
서로 협동하는 논리 위에 있을 때
비로소 존재할 수 있다고 봅니다.

사람의 횡포

이건 아름다운 거

이건 고귀한 거

이건 좋은 거

이건 나쁜 거

이건 누가 정하는 거냐?

사람의 오만, 사람의 횡포가 정하는 거지요.

그런데 우리가 지금 어떤 시기에 당도해 있느냐 하면,

야, 이거 이런 식으로 살면 땅이 다 죽지 않는가

자원이 다 고갈되지 않겠는가

이런 시대에 우리가 살고 있다고요.

땅이 죽으면 자연이 살 수 있어요?

사람은?

택도 없지요.

일체의 삶이 다시 회복이 되자면 땅부터 회복이 되어야 해요.

자연

기계문명이라는 것 자체가
능률과 효과를 최고로 치지 않아요?
기계란 빠르면 빠를수록 좋은 것이고
오로지 그쪽 방향으로만 치닫게 마련이에요.
그렇게 되면
천리天理나 자연의 법도에서 멀어지게 되는 거지요.
자연의 일체만상一切萬象이
서로 불가분의 연대 관계 속에 있는데
거기서 벗어나 자꾸 멀어지게 되니까
그런데도 그걸 좋은 것으로 여기고 자꾸만 벗어나니까
결국은 미쳐서 자멸하게 되는 거예요.
그러나 자연의 법도는 그런 게 아니에요.
빠른 놈도 있지만 느린 놈도 있어서
그것들이 함께 어울려
하나의 '자연'을 이루어가는 거예요.

한살림

1980년대 들어 기존의 운동 방식의 한계를 극복하고 보다 근본적으로 인간과 자연, 그리고 온 우주의 생명에 대해 관심을 갖게 된 '원주캠프'(무위당 선생을 중심으로 1970년대 재해 대책 운동, 사회개발 운동, 협동운동을 함께 벌여 온 사람들의 모임을 그렇게 부릅니다.)는 1985년 원주소비자협동조합의 창립을 시작으로 본격적인 도농직거래 운동으로 한살림 운동을 전개합니다. 원주캠프의 일원인 박재일(전 사단법인 한살림 이사장)이 1986년 12월 4일 서울 제기동에 처음으로 '한살림' 이름을 단 점포를 연 날, 함께 축하하며 기뻐하는 무위당 선생의 모습이 정겹습니다.

ⓒ무위당사람들

선생님은 소외되고 가난하고 억압당하고 고통받는 사람에 대한
연민의 정이 많으셨습니다. 그들과 함께하시면서
모두가 사람답게 사는 세상을 꿈꾸셨어요.
어떤 특정 사상을 추종하기보다는 다양한 사상과 열린 자세로 만났고,
그러한 만남과 관계 속에서 끊임없이 우리가 나아갈 방향을 모색하셨어요.

박재일 전 사단법인 한살림 이사장

無心 무심

동고동락

사람들은 본능적으로 감각적으로
편하고 즐거운 것만 동락同樂하려고 들지요.
그런데 고苦가 없이는 낙樂이 없는 거예요.
더불어 함께하는 것이지요.
그러니까 동고동락한다는 것 자체가 생활이지
동락同樂만 한다면 생활이 아니라고 생각합니다.

나 천지간에 태어나 비가 오고 바람이 불어도
내 마음의 맑은 향기는 아낄 수가 없네

사람

오늘 아침에 자다 깨서 생각해 봤어요.
천지지간에 뭐가 가장 고약한 것이냐 생각해 보니
사람이 제일 고약한 것 같아요.
고약한 것들끼리 모여가지고 맨날 싸움이야.

한살림

이제 시대는 공생의 시대예요.
자연과도 공생해야 되지만
제대로 사는 것을 모르는 사람하고도 공생해야 된다 이거예요.
그 모르는 사람들에게도
우리가 가서 만나고 안아 주고 그 사람들의 요구를 들어주고
그렇게 하는 속에서 연대가 되는 거다 이 말이에요.
우리끼리만 맛있는 것 먹고 우리끼리만 몸에 해롭지 않은 것 먹고
이런 식으로 운동을 해 나간다고 할 것 같으면
언제 이 일의 영역을 확대해 나가겠어요?

중요한 것은 많은 사람들이 동참하게 해야 한다는 것이에요.
유기농을 하는 분만 아니라 농약을 쓰고 비료를 쓰는 농사꾼까지도
안고 가야 한단 말이에요.
그렇게 해야 그 사람들도 이 길이 옳다 하고
이 길로 변화해야 하겠다고 해서 우리와 만남이 있게 되잖아요.

생산자와 소비자

우리가 살아가면서

매일같이 엎어지는 것이 무엇 때문이냐 하면

한쪽만 보기 때문에 엎어진단 말이에요.

우리가 모두 소비자인데

농사짓는 사람이 없으면 우리가 먹고 살 수 있어요?

또 소비자가 없으면 농사꾼이 생산할 수 있어요?

바로 그런 관계다 이 말이에요.

이게 없으면 저게 없고

이게 있으면 저게 있고

우주의 모든 질서는

사회적인 조건은 그렇게 돼 있다 이 말이죠.

그러니 누구를 무시하고

누구를 홀대할 수 있냐는 말이에요.

가난한 풍요

자연농으로 돌아간다는 건
자연과 공생한다는 점에서 매우 중요하다고 봅니다.
이게 현재로서는 매우 미약하고
또 무슨 원시 농경 사회로 돌아가자는 거냐고 할 수도 있는데,
그건 아니에요.
지금까지 인류가 겪어 온 경험에서 배운 것들을 모아서
파멸을 피하면서 함께 모두가 살 수 있는 그런 길을 모색하지 않으면
안 된다는 절박한 현실을 얘기하고 있는 거예요.
인간이 땅과 불화해서 살아갈 수 있나요?

우리가 만일 오늘 누리는 이 '풍요로운 가난'을 청산하고
옛날 선조들이 지녔던 '가난한 풍요'를 되찾는다면
그건 문제가 아니지요.
시방 우리가 얼마나 낭비가 많아요?
세계의 큰 도시들 몇 개가 낭비해 없애는 것만 가지고도
전 지구의 기아 문제를 넉넉히 해결할 수 있다고 하잖아요?

村家可親촌가가친

시골집은 친근하다(자연과 조화되는 삶을 살 수 있었던 시골집을 의미한다.)

원래 제 모습

옛날에는 떡을 해 놓으면 사흘 가기가 바쁘지 않아요?
여름에 큰일을 치르면 떡이나 모든 음식이
하루만이면 쉬지 않아요?
상해야지요, 상해야 한단 말이야.
오늘날 우리가 먹고 사는 건 벌레도 안 먹는 걸 먹는단 말이야.
제일 잘난 척하지만
사람이 제일 머리가 좋다고 하지만
벌레도 안 먹는 걸 우린 참 잘 먹고 살아요.
그러니까 여기에 문제가 있는 거지.
아마 우리가 죽으면 미이라 꼴이 되지 않을까요?
매일 방부제를 먹으니까.
원 제 모습으로 돌아가는 거
거기에 많은 손이 가지 않는 거
그게 제대로 살아가는 것이에요.

오류

무농약의 음식을 먹으면 건강하다고 하고
또 장수도 한다고 하고, 다 좋지요.
다 좋은데 저만 오래 살려고
저만 오래 건강하려고 그렇게 되었을 때에는
바로 그 자체가 엄청난 공해를 가져온다고 생각합니다.

한살림 운동을 하는 데 있어서 중요한 것은
개인이든 집단이든 이기심을 버리는 것입니다.
이렇게 하면 우리에게 이롭기 때문에
이렇게 하자 할 때에는
또 하나의 위태로운 세력을 형성하게 될 겁니다.

우리는 그런 것을 지난날에 수없이 겪어 왔어요.
그렇게 되면 우리는 또 하나의 큰 오류의 씨앗을
이 세상에 뿌리고 가게 되는 겁니다.

그래서 한살림 운동을 한다는 것은
'우리는 이렇게 살아야 되지 않겠습니까?'
하는 이야기를 나누는 것이고
각자가 서게 하는 것이고
각자가 넘어지면 일으켜 주는 것이지
그것을 갖자는 이야기가 아니지요.

모심

천지자연의 원칙대로 그 돌아감을 깨닫고 이해하면서
그것에 맞춰서 생활에 동참하는 것
그 속에서 일을 처리해 나갈 때
그때 자기의 본의든 본의가 아니든
시侍, 모심의 틀 속에서 생활해 나가게 됩니다.

생명운동이란
전체를 모시고 가는 하나의 생활 태도가 아닌가
저는 그렇게 생각해 봅니다.
그러니까 이 구석을 봐도 시侍고
저 구석을 봐도 시고
시 아닌 것이 없지요.
전부가 시지요.

쉽게 알 수 있고
쉽게 행동할 수 있고
쉽게 따를 수 있고
그렇게 처리가 되었을 때에
모든 일은 비로소 제 자리에 돌아갈 수 있지 않겠어요?

쉬운 가운데서 처리해 나갈 수 있는 그런 슬기를 가지고
모든 것에 고개를 숙이고 모시는 자리에 있게 되면
결국은 깃들지 않겠나 생각합니다.

자기 몫

사람이 자기가 타고난 성품대로
물가에 피는 꽃이면 물가에 피는 꽃대로
돌이 놓여 있을 자리면 돌이 놓여 있을 만큼의 자리에서
자기 몫을 다하고 가면
모시는 것을 다하는 것이라고 생각해요.

감옥이 학교

무위당 선생은 1961년 5·16군사정변 직후, 평소 주장했던 '중립화통일론'이 빌미가 되어 서대문형무소와 춘천형무소에서 3년간 옥고를 치렀고, 출소 이후에도 정치정화법과 사회안전법에 묶여 계속 정치적 탄압을 받았습니다. 이렇게 억압적인 현실은 선생이 사회 변혁을 위한 공식적이고 대외적인 정치 활동 대신 포도 농사와 서화書畵에 몰두하면서, 내면적인 성찰을 통해 인간과 자연과 우주에 대한 깊고 넓은 이해를 얻는 계기가 됩니다. 이후 선생은 전면에 나서기보다는, 늘 한 자리에 계시면서 많은 지인들과 후배들에게 삶의 방향을 제시해 주고 희망을 주는 등대의 역할을 하게 되었습니다. 또한 냉혹한 현실에 부딪혀 지친 이들이 찾아와 쉬면서 격려와 지지를 얻어가도록 큰 그늘을 만들어 주는 고목나무 같은 존재가 되었습니다.

ⓒ무위당사람들

공자의 仁者壽(어진 사람은 오래 산다),

노자의 死而不忘者壽(죽어도 잊히지 않는 사람이 오래 사는 것)라는 말처럼,

많은 사람들의 기억 속에서 죽지 않고 살고 계신,

그야말로 '사람의 인격은 죽어서도 계속 된다.'는 말에 딱 맞는 분.

전호근 철학자

無名有閒무명유한

이름이 없으니 한가롭다

진실

간디는 자신의 내면에 충실했던 사람이에요.

인도의 독립과 인도 민중의 각성을 촉구하면서

그 주장하는 바를 자신의 내면에서 울려 나오는 진리의 명령에 따라서

대중에게 이야기하는데, 보면 모기 소리보다 조금 더 큰 소리로

자기 주변 사람들한테 말하고 있는 거예요.

그런데 그 더듬거리는 한 마디가

인도 대중에게 엄청난 웅변으로 들렸거든요.

인도뿐만 아니라 전 세계의 진실하게 살고자 하는 이들 가슴에

큰 충격을 주었잖아요.

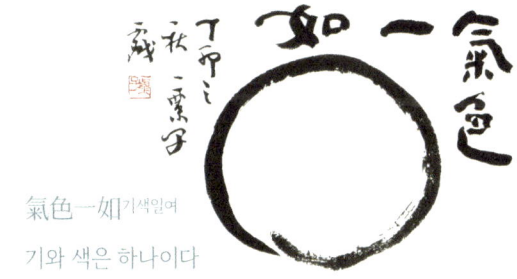

氣色一如[기색일여]
기와 색은 하나이다

맨몸

사람들은 돌이나 총칼이 최대의 무기인 줄 아는데
그게 아니에요.
간디는 맨몸이었어요.
가진 것이 없었다 이 말이야.
그것이 최대의 무기였지요.
없으니까 탈도 없었고.
운동은 간디처럼
아무것도 가진 것이 없이 하는 것이 좋아요.
맨몸이 가장 좋다 이 말이야.
구호조차 외치지 않는 게 좋아요.
구호 또한 뭔가 가진 것이 아닌가?
누군가에게는 구호 또한 폭력이 될 수 있지.
완전한 비폭력으로 가야 해요.

박피

이 사회를 어떻게 평화롭고 자유롭게 할 것이냐가 중요해요.
그러려면 나름대로의 평소 자기 정진이 필요해요.
자기한테 해 끼치는 사람에 대해서
'아, 저 사람 그렇구나.' 하는 정도여야지,
미움을 가지면 안 돼요.
새로운 삶에 대한 문화의 형성이 확대되어 가면서
부조리한 것은 자연히 소외되어
박피薄皮가 되게끔 만들어야 해요.
일대일로 복싱하듯이 해서는 안 돼요.
'이것은 참 미래가 있는 삶의 모습이구나,
소망이 있는 삶의 모습이구나.' 하고 살아가면서
기존의 것은 박피가 되어 자연히 떨어져 나가게 해야 돼요.

가르친다는 것

교육은
가르치는 자와 배우는 자가
나뉘고 고정되어 있는 것이 아니라
선생이 학생이 되기도 하고 학생이 선생이 되기도 하는
서로 배우고 가르치는 관계입니다.

따라서 교육의 본질은
인간다운 삶을 함께 배우고 느끼는
하나의 공간에서 동시에 이루어지는
의식의 상호 공유 작용이라고 볼 수 있어요.

그들 속에서

거저 가르쳐 준다 해도
돈 한 푼 안 받아도
올 수 없는 아이들이 있을 겁니다.
버려져 있는 아이들입니다.
그런 아이들을 찾아가야 합니다.
찾아가 그 애들과 함께 일하며 나누세요.

책이 없어도 서로 아는 것을 주고받을 수 있잖아요?
a b c d가 중요한 게 아니잖아요?
일 속에서
당신들은 당신들이 원하는 것을
모두 가르칠 수 있어요.

원월드 운동

원월드One World 운동은
아인슈타인을 비롯하여 세계 과학자들이 시작했어요.
히로시마와 나가사키에 원폭이 투하된 뒤로
아인슈타인이 반성을 많이 하지 않았습니까?
세상에 못할 짓을 했다고요.
그러면서 세계를 하나의 연립정부로 만들어야 한다는 얘기를 했지요.

내가 20대 초반에 원월드 운동에 참여했던 것은
세계를 대표한다는 미국과 소련이 한반도를 점령하는 것을 보고
그것을 뛰어넘는 우리의 철학이 없이는
우리 겨레의 문제를 해결할 수 없다고 생각했기 때문입니다.

그러니까 민족공동체가 다 함께 살아가는 방식이
새로 도출되어 나와야 하는데,
그건 결국 우리 민족의 통일이 우리만의 통일이 아니라,
전 세계 통일의 길이 되어야 하는 것이라고 생각합니다.

虛空尸居觀衆妙 天香桂子落紛紛 허공시거관중묘 천향계자락분분

허공에 시체처럼 누워 여러 묘체를 바라보니

하늘에는 향기로운 계수나무 열매가 흩날려 떨어진다

(사명당 계송에서)

분단

우주의 모든 생태가
갈라놓을 수 없고
갈라놓고 지배하는 형태가 아니에요.
남북의 분단도 그렇지 않습니까?
갈라놓고, 지배당하고,
지배하는 쪽에 붙어먹는 패거리들이 있습니다.
적어도 하나의 생명 단위로 태양과 지구가 있고,
그 안에 존재하는 모든 것이
협동적으로 존재할 때만이
생명을 유지하는 겁니다.
그런 안목에서 문제를 풀어 가야 합니다.

열린 운동

성실하게 우리 스스로 살아가고
이웃도 그렇게 살아가게 권하고
이런 과정 속에서
남들이 스스로 살기를 원하면
살게끔 도와주고
그렇게 해서 숨통이 트여 가는
그런 운동이 돼야 합니다.

화이부동

논어에 보면 '화이부동和而不同'이라고 있어요.
그게 중요합니다.
'나는 운동가다.' 했을 때는
'동이불화同而不和' 하기가 쉬워요.
유니폼은 같이 입고서 속에서는 매일 싸우잖아요.
동이불화지.
그렇게 되면 생명은 빠지고 껍데기만 남는 거지요.

무슨 운동이든
'생명의 기본 조건에 맞느냐'는 것을
앞에 내세우고 가야 해요.
그랬을 때 규율은

그 과정 속에서 자연적으로 형성되어 갑니다.

그러니까 길게 보고 꾸준히 노력해 가야지,

처음부터 타이트하게 몰아가면

이 생명운동은 해낼 수가 없어요.

모든 생명은 연하잖아요.

그러니까 살아 있잖아요.

그렇기 때문에 그 딱딱한 대지를 뚫고 나오는 거예요.

연대

'만나라'는 말이에요.
공동의 과제를 밀고 나가려면.
어차피 운동은 다 각각이지만
그 각각이 연대連帶해 가야 된다 이거예요.
그렇게 하지 않으면 반생명 세력
반생명적으로 문제를 끌고 가는 힘에 대항해서
우리가 일을 확산해 나갈 수 있겠어요?
그러니까 다만 한 가지라도 사회를 위해서
밝게 일하고 있고 좋은 일 하고 있는 그런 단체와
연대를 하자고 할 때는 함께하자는 말이에요.
함께하지 않았을 때 어떤 문제가 오느냐
보글보글 혼자 우리끼리만 놀다가 끝나게 돼요.
우리 시각이 정치에서부터 경제, 사회, 문화 전반에 걸쳐서
연대할 능력이 있어야 된다 이거예요.
그렇게 되었을 때에 그 운동은 가속화되고
더 깊이 제대로 정착이 되는 거지요.

전일성

오늘날
아무리 많은 전문가들을 모아 놓아도
전일성全一性을 상실했을 경우엔
그게 결국 지식의 모자이크밖에는 될 수 없는 것이지요.
그러니까 죽은 것을 갖다가
한데 꿰매는 것과 마찬가지예요.
말하자면 생태를
죽음의 무기태로 만들어 버리는 거지요.

김경일 신부가
받아 적은
무위당 선생 말씀

김경일 신부(대한성공회 광주교회)는 1980년대에 이현주 목사의 소개로 무위당 선생을 만나게 되었습니다. 1985년 3월 3일 부산에서 원주를 찾아와 선생을 처음 뵌 뒤, 같은 해 9월 21일 신혼여행길에 원주를 들러 아내와 함께 선생의 말씀을 들었고, 그 뒤 1988년 7월 15일에 다시 선생을 찾아뵙고 많은 대화를 나누었습니다. 그때마다 그는 선생의 말씀을 수첩에 꼼꼼히 적었습니다. 함께 앉은 자리에서, 그리고 돌아가는 길에 버스 안에서 기억을 되살려 적어 놓은 메모들은 이후 늘 그의 삶의 지침이 되었습니다. 살아계신 선생님이 눈앞에서 들려주시는 이야기로 여겼습니다. 김경일 신부에게 마음의 스승이었던 무위당 선생의 말씀을 여기에 내어 놓습니다.

모시고 섬기라고 하셨다. 돈을 모시지 말고 생명을 모시고,
쇠 물레를 섬기지 말고 흙을 섬기며, 눈에 보이는 겉껍데기를 모시지 말고
그 속에 들어 있는 알짜로 값진 것을 모시고 섬길 때만이
마침내 새로운 누리가 열릴 수 있다고 선생은 말씀하셨다.

김성동 소설가

잠에서 깨어 일어나라

그렇지 않으면

고향에 가지 못하리니

세끼 요기만 하면 된다.
비록 오막살이에 살고 있더라도
우주의 중심에 있다고 생각하라.

사람마다 제 몫이 다른 것이고,
그래서 직업이 다 다른 것이다.
그러니 자기 몫에 대해서 당당하라.

기氣의 성숙을 기다려야 한다.
아침저녁으로
잠을 자고 깨어난 뒤
또 자기 전에
일체에 감사하는 배례拜禮를 바쳐야 한다.
그러면 기가 다 모인다.

이때까지 추구한 게 의미가 없으면
소리 없이 버려야 한다.
10년을 쌓았건 20년을 쌓았건
그게 모래성이라는 걸 알았으면
허물 줄도 알아야 한다.
집착執着이 병통病痛이다.

이름 없이 일을 해야 한다.
돼지가 살이 찌면 빨리 죽고
사람이 이름이 나면 쉽게 망가진다.

일상의 삶이 곧 도道다.
지극한 정성으로 바치는 마음이 되어
밥 먹고 똥 싸야 한다.

자연의 질서와 인간의 질서가

화해하는 것을 이끌어 내야 한다.

깊은 산중에서 길을 잃은 사람은 등잔불빛만 찾는다.

이제 문명의 막다른 골목에 와서

우리가 등잔불이 되어

불씨를 얻으러 오는 사람에게 불을 붙여 주어야 한다.

순정을 바치는 것이 최고의 예의다.
예의란 자기 몫을 내주는 것.

아이가 되어야 한다.
아이는 자기가 좋으면
제 것 갖다 주면서 서로 만난다.

'하늘에 재물을 쌓아라.'
함께 나누라는 뜻이다.

성직자의 생활은 중中 이하라야 한다.
중 이상이면
가난한 이에게 갈 때 부끄러워진다.

불상에게 천배千拜 올리라는 게
소원성취해 줄 거라고 믿고 그러라는 게 아니다.
자기를 비우라고 천배 올리라는 것이다.

옛날에는
사람이 공부한다는 것이
자기의 진실한 삶을 위해
수행하는 자세로 하는 것이었다면,
오늘날에는
남에게 고용되기 위해서 하는 공부가 되어 버렸다.

자연스러워져야 한다.

자연스러운 것만큼 무서운 게 없다.

자연스럽고 이지러지지 않는 삶이

우리의 목표다.

진실을 위해 싸운다면
그 방법도 진실을 드러내는 것이어야 한다.

콧대 세우는 놈이 강한 게 아니다.
콧대가 부러지는 놈이 강하다.
그래야 다 받아들일 수 있다.

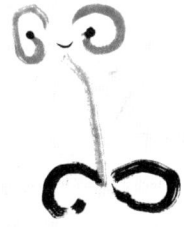

상대방에 대한 언어폭력은 지양해야 한다.
폭로나 비판 가지고는 변화되지 않는다.
나 자신이 변하는 것이 가장 좋은 방법이다.

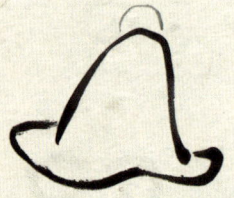

예수는 세상에서 깨진 사람을 위해 살았던 사람이다.
예수 그만 팔자, 예수 팔기도 지겹지 않은가?
어떤 교회는 하느님을 자기 주머니에서 꺼내 줄 것처럼 군다.
하느님은 나의 내부에 있다.

석가나 예수의 삶이란 게
작은 지역에서 꼬물거리다가 죽은 것에 불과하다.
하지만 그 삶의 울림이
오늘날에까지 내려와 있는 것이다.

맨손만 가지고 나누어야 한다.
불알만 가지고 해결해야 한다.
지금의 종교는 가진 것을 가지고 나누려다 보니
닭장을 짓고 모이라고 소리친다.

예수를 패턴화하지 마라.
예수의 이름이 중요한 게 아니다.
예수의 이름이 개똥이었다면
모두들 개똥이라고 불렀을 것 아닌가?
예수가 되고 예수처럼 살아라.

민중을 사랑하려고 애쓰다 도저히 안 되면,
산에 가서 기도하는 분이 예수다.
자기와의 싸움에서 철저하게 결판을 내는 거지.
그것은 '절대'에 귀의하기 위한 처절한 싸움이다.

직업이 불분명할수록 좋다.
어느 시기에는 화전이나 파먹으며 푹 썩는 게 좋다.
뜻이 받아들여져야 세상을 바꿀 수 있는 거다.

인텔리가 흔히 갖는 습관이 자격증을 가지려는 것.
체제든 반체제든 묶이면 자유를 잃는다.

집착에 빠지는 것은 잠자고 있는 것이다.
늘 깨어 있어야 한다.

싸움의 상대가 나에게 굴복하기를 바라지 말고
상대가 나에게 찬사를 보내도록 마음을 써야 한다.

상대가 '나'라는 것을 알아야 한다.
그래야 악순환이 끊어진다.
상대를 죽이고 가려 하면
악순환만 초래할 뿐이다.
무조건 제거하려 해서는 안 된다.

소유하려 하면 경쟁이 생기고
그것은 폭력이 될 수밖에 없다.

주체와 객체가 있다는 것은
에고가 있다는 것을 의미한다.
바늘구멍으로 황소가 지나가는 것을 보라 함은
에고를 죽이라는 것이다.

데모를 해서 누군가를 쫓아냈다면,
쫓아낸 그 대상이 곧 내가 되어야 한다.

말기 때가 오면 경직화 현상이 오고
경직화되면 강한 것에 의해서는 살리지 못한다.
부드러운 것만이 살린다.

화두는 얻는 게 아니다.
이미 내 안에 다 있는 것인데
그걸 모르고 헤매는 거다.

천상천하 유아독존 天上天下 唯我獨尊이라는 말은

엄청난 말이다.

텅 비어 있는 나!

큰 자기!

시공을 초월한 자기를 말하는 거다.

독생자 예수라고 하지만 독생자 아닌 사람이 없다.

독생자란

시공을 초월한 자기를 말하는 것이다.

기를 쓰고 밀고 간 자에게 오는 경지다.

그런 경지는 아무나 도달할 수 없는 자리다.

각자유심各自有心이라

모두가 날 알아달라고 외치며

자기 자식도 부모의 말을 안 듣는 세상이다.

아상我相에 사로잡히지 말아야 한다.

내가 없으면 대상이 없고

그래서 하나가 된다.

독기로 초월해지는 게 아니라
밝은 마음으로 초월하는 것이다.

이렇게 얘기를 하고 나면,
매일 저녁 나 자신이 그렇게 초라할 수가 없네.

무위당 장일순 연보

1928년 10월 16일 강원도 원주시 평원동에서 출생하다. 할아버지 여운旅雲 장경호張慶浩와 우국지사 차강此江 박기정朴基正에게서 한학과 서화를 익히다. 호號는 호암湖岩이었으나, 60년대 이후 서화에 몰입하기 시작하면서 청강靑江으로 썼다가, 80년대 후반부터 무위당无爲堂과 일속자一粟子, 조한알로 바꾸어 쓰다.

1945년 경성공업전문대학교(지금의 서울대학교 공과대학)에 입학하였으나 미군 대령의 총장 취임을 핵심으로 하는 국립서울대학교 설립안(이른바 국대안)에 대한 반대 투쟁의 주요 참여자로 지목되어 제적되다.

1946년 서울대학교 미학과(1회)에 재입학하다.

1950년 한국전쟁으로 학업을 중단하고 원주로 돌아왔다. 이후 줄곧 원주에서 생활하다.

1952년 성육고등공민학교에서 학생들을 가르치다. 이듬해 이 학교를 인수하여 교장에 취임하다.

1954년   도산 안창호 선생이 평양에 설립한 대성학원의 맥을 계승한다는 뜻에서 김재옥, 김종호, 이종덕, 장윤, 한영희 등과 함께 원주에 대성학원(대성중·고등학교)을 설립하고 이 학교의 초대, 2대 이사장으로 재직하다.

1955년   봉산동에 손수 토담집을 지어서 살기 시작하다.

1956년   무소속으로 국회의원에 입후보하였으나 낙선하다.

1957년   이인숙李仁淑과 결혼, 슬하에 3남을 두다.

1960년   사회대중당 후보로 다시 국회의원에 출마하였으나 낙선하다.

1961년   5.16 군사정변이 일어난 직후 평소 주창하던 '중립화 평화통일론'이 빌미가 되어 서대문형무소와 춘천형무소에서 3년간 옥고를 치르다.

1963년   출소 후 정치활동 정화법과 사회안전법 등에 묶여 모든 활동에 철저한 감시를 받기 시작하다.

1964년   대성학원 이사장에 복귀하다.

1965년   대성고등학교 학생들의 한일 굴욕외교 반대운동에 대해 책임지고 물러나다.

1968년   피폐해진 농촌과 광산촌을 살리고자 강원도 일대에서 신용협동 조합운동을 펼치다.

1971년   지학순 주교와 함께 1970년대의 반독재 민주화 투쟁을 주도하기 시작하다.

1973년   1972년에 남한강 유역에 발생한 대홍수로 수해를 입은 지역을 복구하기 위해 지학순 주교가 발족한 재해대책사업을 지도하다.

1975년   12월 원주가톨릭센터에서 첫 서예전이 열리다. 이후 1976년, 1981년, 1983년에 원주, 춘천 일원에서 서예전시회를 열다.

1977년   종래의 방향만으로는 안 되겠다고 깨닫고 지금까지 해 오던 노동운동과 농민운동을 공생의 논리에 입각한 생명운동으로 전환할 것을 결심하다.

1983년   민주세력을 결집시켜 통일 운동을 전개하기 위해 〈민주통일 국민연합〉을 발족하는 데 일조하다.

1985년   도농직거래 조직인 〈원주소비자협동조합〉을 창립하고 이후 한살림 운동과 생명운동을 본격적으로 전개하다.

1988년   한살림 운동의 기금 마련을 위해 〈그림마당 민〉에서 서화전을 개최하다.

1989년   해월海月 최시형崔時亨 선생의 뜻을 기리고자 해월 선생이 관군에 붙잡히신 원주시 호저면 송곡松谷에 비문을 쓰고 기념비를 세우다.

1991년   위암 발병하다.

1992년   생명 사상을 주제로 연세대학교 등에서 여러 차례 강연하다.
1993년 노자의 도덕경을 생명 사상으로 풀어 낸『장일순의 노자이야기』를 이현주 목사와 함께 펴내다. 9월에 병세가 악화되어 재입원하다. 11월에 '민청학련 운동승계 사업회'로부터 감사패를 받다. 평생의 동지였던 지학순 주교의 정신을 이어 가기 위해 〈지학순 주교 기념사업회〉의 결성을 병상에서 독려하다.

1994년   5월 22일 봉산동 자택에서 67세를 일기로 영면하다.

사단법인 무위당사람들 주요 연혁

| 사단법인 설립 전

1995년 선생을 기리는 사람들의 모임인 '잡놈회'에서 1년에 1~2회 추모 및 공부자리

1997년 『나락 한알 속의 우주』(녹색평론사) 출간

2001년 '무위당을 기리는 사람들' 조직(회장 김영주)
소식지 창간, 밝음신협 6층 모임터 마련

2004년 무위당 10주기 행사 〈바람따라 그 향기 흩으라〉 개최, 묘소 비석 제막
『좁쌀 한 알』(최성현, 도솔) 출간
『너를 보고 나는 부끄러웠네』(녹색평론사) 출간

2007년 '무위당기념관' 개관(밝음신협 4층)

2008년 '무위당좁쌀만인계' 창립총회
전국 무위당 장일순 휘호대회

2009년 '무위당만인회'로 명칭변경
빛고을 광주를 시작으로 전국 순회 서화전시회 수차례 개최

| 사단법인 설립 이후

2010년	사단법인 '무위당사람들' 창립총회 (이사장 이경국)
2011년 ~2018년	무위당 서화자료집 1~8집 출간
2012년	무위당학교 개강
2014년	무위당 20주기 행사 〈산이라면 넘어주마 물이라면 건너주마〉 개최
2019년	무위당 선생 25주기 기념 『장일순 평전』(김삼웅, 두레) 출간 무위당사람들 시리즈 ① 이인숙 편 『묻혀서 사는 이의 고운 마음을 아는 이 있을까』 출간
2020년	무위당사람들 시리즈 ② 노변정담 편 『달이 나이고 해가 나이거늘』 출간
2021년	무위당사람들 시리즈 ③ 『대장부-거기에 그들이 있었다』 출간
2022년	무위당사람들 시리즈 ④ 『무위보감無爲寶鑑』 출간
2024년	무위당 선생 30주기 기념 『장일순 평전』(한상봉, 삼인) 출간 무위당 30주기 행사 〈버리고 버리고 또 버리면〉 개최